シン・働き方

～女性活躍の処方箋～

産婦人科専門医
稲葉可奈子
KANAKO INABA

きずな出版

はじめに

昨今「女性特有の健康課題」について注目が集まっており、月経関連症状による労働損失が4911億円、更年期症状による労働損失が4200億円、子宮頸がん・乳がんによる労働損失が2966億円と試算されています。合わせると1兆円以上の労働損失です。

つまり女性は**「女性ならではの症状や病気のために仕事を休んだり、辞めたり、パフォーマンスが下がったりすることで、社会全体でみると1兆円以上もの損失となっている」**と言われているのです。もし、これが事実だった場合、経営者や管理職、チームリーダーの立場として、女性を雇いたいと心から思うでしょうか？

さらに、もう1つみなさんにお聞きします。たとえば同じ能力の女性と男性がいた場合、性別のバイアスなく公平に評価できる世の中だと断言できますか？

◉女性は、女性特有の健康課題による労働損失があるのだから、男性の方を雇いたい

◉性別による区別はよくないから、女性は労働損失を生じるかもしれないけど、女性も雇わないといけない

◉労働損失となるかもしれないけど、組織の中に男性も女性もバランスよくいた方が組織のダイバーシティが高まる

このように、さまざまな考え方があると思いますが、そもそも「女性は労働損失となる」という大前提は果たして正しいのでしょうか。

申し遅れましたが、わたしは産婦人科医の稲葉可奈子と申します。女性の病気や健康を専門としている産婦人科医の立場からすると、「女性特有の健康課題による労働損失」と言われることが癪で仕方ありません。1兆円以上と試算されている「労働損失」のほとんどは、本来、損失せずにすむものです。**労働損失というのは、社会全体としての労働の損失総額ですが、紐解いていくと個々の企業の損失、そして女性一人ひとりの損失です。**

たとえば生理痛がひどい時に仕事を休んだ際も、家で遊んでいるわけではありません。つまり、労働における損失だけでなく、プライベートな時間や機会の損失も伴っているのです。

実際に仕事を休んだり、パフォーマンスが下がるだけでなく、職場に迷惑をかけているのではないかと自分を責めたり、数字には表れない精神的なダメージにもつながります。

わたしは産婦人科医として日々、病院で女性の診療にあたっていますが、症状や病気の治療だけではなく、女性一人ひとりの悩みにも向き合っています。なぜなら、症状によっては人間関係が原因となっていたり、治療方針の相談にあたってはライフプランとの相談が必要になったりすることもあるからです。

つまり、かかりつけの産婦人科というのは、「女性の人生の伴走者」のような存在です。

女性特有の健康課題のほとんどは解決できます（その方法はあとの章で詳しくお話しします）。そして健康課題による職場でのさまざまな悩みを知っている産婦人科医の立場からすると、**女性が本来のパフォーマンスを無理なく発揮できる方法がたくさんあります。**

政府は、2030年までに役員の女性比率3割を目標に掲げています。一方で、「女性版骨太の方針2023」で、生理休暇の普及促進を掲げています。ここに大きな矛盾があると言わざるを得ません。女性特有の健康課題の解決策が「休暇」だけでは、労働損失となるだけ。女性自身もみんなが休みたいわけではない。だからといって、症状がしんどいのに休まずに働きましょう、というわけではありません。

女性のヘルスケアへの関心の高まりとともに、社内研修で「女性特有の健康課題」を取り上げる企業さんが増えてきており、わたしもお話しさせていただくことがあります。「女性社員のヘルスケア研修」という講演を頼まれる時に、対象社員は女性のみとなっていることが多いのですが、必ず男性も参加可能とするようにお願いをしています。

そうすると、男性や管理職の方から、彼らなりの悩みの声が届くのです。男性や管理職の方々も、どうすれば女性が働きやすくなるのか日々悩んでいる。ただ、どうすればいいのか分からない、というのが本音なのです。

女性特有の健康課題の解決策について、女性たち自身へ向けた情報発信を続けてきましたが、**女性のヘルスケアが向上するだけでは、働きやすさや女性の活躍推進には直結しない**、という問題が見えてきました。いままでは女性のヘルスケアも十分でなかったわけですが、そこが改善しつつある（まだまだではありますが）からこそ見えてきた課題でもあります。

多くの企業さんは、女性の役員比率3割を目指していると思います。ただの数合わせではなく「女性が働きやすい組織」になることが、健全な女性役員比率3割への道のはず。

ところで、「女性の役員比率3割」という目標は、国から言われたから目指さないといけないのでしょうか？

2023年10月に、世界の機関投資家で組織する団体であるICGN（国際コーポレートガバナンス）が「内閣府男女共同参画局と東京証券取引所のダイバーシティ施策に対して苦言を呈するレター」を公表しました。

日本政府が「女性版骨太の方針2023」でプライム市場上場企業に対して、「2030年までに女性役員比率30％以上」「2025年を目途に女性役員を1人以上選任」という数値目標を定めていることを歓迎する一方で、「それでは遅い」という苦言です。

これは、男女平等といったジェンダーの問題だけではありません。投資家の目線からするとダイバーシティが高まるほど企業の業績が向上する、多様な視点がさまざまな経営リスクの回避につながる、ということが分かっているため、「こんな偏った経営体制の日本企業は危うくて投資できないので、早くグローバルスタンダードになりなさい」ということではないでしょうか。

逆に言えば、**従来の日本企業のような男性優位に偏った組織ではなく、女性も含めて多様**

な人材が活躍できる組織は、グローバルな企業価値が上がります。その指標の1つが「女性役員比率」なのです。

本当の意味で女性が社会で十分に活躍できるようになるためには、個々の女性の健康課題の改善だけでなく組織の変革も必要で、片方だけでは歪みが生じます。

そしてその変革には、概念論だけでなく、女性特有の健康課題や妊娠出産というライフイベントについての医学的観点が欠かせません。日本中の女性にいきいきと活躍していただきたい、そして日本中の男性も女性も企業も win-win-win となる方法を、このたび「シン・働き方」として、まとめさせていただきます。

目次

第2章

「生理」は一人ひとり違う
～女性同士でもわからないことがある

第3章

更年期症状、女性特有のがんについて

〜「まさか自分が?」をみんなで支える

第4章 子どもを持つ、持ちたいって迷惑なの？

～出産、育休、不妊治療について知っておきたいこと

第5章

女性も、男性も、みんなが「働きやすい！」をつくる
～あなたが変われば「環境」「社会」は変えられる

シン・働き方

誰もが活躍できる
社会のつくり方を
一緒に学んで
いきましょう！

第1章

「女性には無理」って決めつけないで

～だれもが活躍できるチームをつくろう

Question

考え方を変えれば女性進出は叶うの？

いまの時代に合わせた考え方はもちろん重要です。さらに、「健康課題」など個々の事情に合わせた対応をすることで、「誰もが」働きやすい土台づくりができるでしょう。

女性の活躍推進のためには（特に男性の、特に男性管理職の）「意識改革」が必要である、とよく言われます。

「意識改革」はもちろん必要です。

いまの経営陣が働き盛りだった1980年代は、専業主婦世帯が共働き世帯の倍でした。「家庭のことは女性に任せて、男性は仕事に専念」というのが当たり前の時代。さらにはセクハラやマタハラがいまほど問題にならなかった時代。

しかし、1990年代半ばに専業主婦世帯と共働き世帯の数が逆転し、**2023年には、共働き世代の数が専業主婦世帯の約2・5倍となっています。**

世代間のギャップを埋める

また、60～70代の上長によるセクハラ（だけでなくパワハラもですが）などがたびたび報道されており、その根底には女性蔑視の感覚があるのでしょう。いまではハラスメントと認識され問題となり、報道されるようになりましたが、世代による認識の違いこそが時代の変化を物語っています。

家庭のことは女性にまかせっきりが当たり前だった時代が、男性にとって幸せだったとも限りません。「自分の子の成長はほとんど見ず、現役を引退しておじいちゃんになってから孫をかわいがる」というのはよく聞く話ですが、現在進行形で子育て中の身からしますと、自分の子の成長をしっかり見られないなんてもったいなさすぎます。

もちろんお孫さんもかわいがっていただきたいのですが、本来は自分の子の成長を見ていただきたいし、本当は自分の子の子育てにもっとコミットしたかったけれども環境が許さなかったのかもしれません。

価値観は時代とともに変化するので、何十年か後には違う形の意識改革が必要になる場合もありますが、少なくともいまの時点で、いまの管理職世代はいまの時代に即した意識改革が必要です。ただ、**大事なのは「意識改革」だけでは、日本で女性が本当の意味で活躍できるようにはならない、ということ。**

女性特有の健康課題による労働損失が合計1兆円以上と試算されている中で、その労働損失は努力だけで挽回できるものではありません。

「女性も男性も関係ありません、家庭も育児も男性女性双方で担うものです。だからこれからは女性のみなさんもどうぞ社会で活躍してください」と「意識改革」だけがなされたとしても、女性特有の健康課題がこれまで通りでは、女性は無理をして働かなければならなくなってしまいます。

心理的だけでなく身体的変革も重要

では、女性がフラットに活躍できる土壌を作るためにはどうしたらよいのでしょうか。わたしは、心理的・身体的、両面の変革が必要だと考えます。ただしその変革は、「女性のためだけ」の変革ではありません。「女性が働きやすい組織」というのは、男性も働きやすい組織となります。

日本の男性は働かされすぎ。男性が育休や子どものために休みをとりたくても、まだまだ肩身の狭い思いをする職場が多いのが現実です。

逆に、日本の女性は働かされなさすぎ（も

っと働くべき、という意味ではなく、もっと社会で働きたくても、存分に活躍することを妨げる障壁が多い)。育児はどうしても女性に負担が偏り、女性が時短勤務をしたり、子どもがいるいないにかかわらず年収106万円や130万円の壁が足かせとなったりします。なお、労働損失となりうるのは、女性特有の健康課題や育児だけでなく、性別にかかわらず持病や介護なども同様です。十人十色とはよく言ったもので、10人いれば10通りの事情があります。

「妊婦様」「子持ち様」と揶揄されることもありますが、妊娠を望んでいない人も、いつ、なにかほかの事情で仕事を制限せざるを得ない状況になるやもしれません。

多様な事情を抱えた人の集合体が組織です。さまざまな事情があれど、それぞれができる限りパフォーマンスを発揮できる状況を目指せる組織が、組織として多様性と柔軟性と持久性を兼ね備えた底力のある組織となるはずです。

思考力も筋肉も、ただ強いだけでなく柔軟性が重要です。組織も同じです。すべてのメンバーがフルに100%のパフォーマンスを発揮し続けないと持続しない前提では、だれか1人がなにかの事情でパフォーマンスを落とすことになると、組織全体がつぶれてしまいます。

そしてパフォーマンスを落とすことになるかもしれないのは、女性とは限りません。それまでワーカホリックに働いていた独身の管理職男性の親がある日突然病気になり、介護が必要になったために、いままでのようにフルで働けなくなる……ということもあり得ます。

女性が働きやすい組織というのは「だれもが働きやすい」組織であり、すなわち、サステイナブルな組織です。

つまり、女性が働きやすい組織を目指すことは、組織としてのSDGsの一環なのです。

押さえておきたい ポイント

- いまは共働きが当たり前の時代
- 管理職はいまの時代にあった意識改革をしよう
- 「心理的」と「身体的」共に改革できることがだれもが働きやすい組織につながる

Question

女性が「働きにくい」と感じる社会はどんな特徴があるの？

健康問題や子育てに関する働き方などを「相談しづらい」「融通が利かない」ことが挙げられます。この項にあるチェックシートに1つでも当てはまる場合、働きづらい可能性があります。

「女性も働きやすい組織」について考える前に「女性が働きにくい組織」というのがどういうものか、いっしょに考えてみたいと思います。

もしどれも当てはまらなかったら「女性が働きやすいすばらしい組織」ということで、もう続きは読まなくて大丈夫です！

と言いたいところですが、「どうしてすでに女性が働きやすい組織になっているのか」を知っておくことでこれからも女性も働きやすい組織を維持できますし、さらに働きやすい組織に進化できるかもしれませんので、一通りご覧いただければと思います。

では、女性は、具体的にどういうところに働きにくさを感じているのでしょうか。

- 毎月生理痛でしんどいけど、上司が男性で相談できない
- 生理休暇をとりづらい
- 生理休暇は使うけど、休むと仕事がたまってしまう
- PMS（月経前症候群）でイライラして仕事に集中できない
- 会議が長くてナプキン交換が間に合わない
- 生理でしんどい時にテレワークなら助かるのに、出社必須でつらい
- 妊活したいけど、産休中の人が何人かいるから自分はまだ妊娠できない
- 妊娠するタイミングに悩む
- 出産してキャリアを続けている先輩がいないので不安

◉不妊治療したいけど、仕事との両立が難しい
◉妊娠を報告したらプロジェクトから外された
◉切迫早産で安静にしないといけないのに、仕事を軽減してもらえない
◉育児と仕事の両立が難しい
◉子どもがよく熱をだすので仕事を休みがちになってしまう
◉もう1人ほしいけど、キャリアを考えると現実的には難しい
◉子どもの習い事の送迎で、時短やテレワークでないと無理
◉子どもが学校を休みがちで、仕事の継続が難しい
◉婦人科通院が必要だが、仕事が忙しくて通院が難しい
◉更年期症状で仕事のパフォーマンスが落ちる

などなど、こちらは働く女性の悩みのほんの一部です。

これらを大きく分類してみると、「女性が働きづらい組織チェックシート」になります。

あなたの会社は大丈夫？
チェックシートで確認しよう

- □ 女性が女性特有の健康課題を抱えている
- □ 上司に相談しづらい
- □ 相談しても解決策につながらない
- □ テレワーク、時間休など仕事の融通が利かない
- □ 育児しながらキャリアを継続している人がいない（少ない）
- □ 妊娠や育児への理解が乏しい
- □ 女性の管理職がいない

1つでも当てはまれば、女性社員はなにかしらの働きづらさを感じているでしょう。読者の方の所属組織のほとんどは、どれかもしくは複数の項目にチェックが入ると思います。

「いや、うちはそんなはずはない」と無理に取り繕ったり強がったりする必要はありません。なぜなら、いまの日本のほとんどの組織は、複数の項目にチェックが入るでしょうし、少なくとも、わたしが社内研修でお話しした企業さんは、どこも、複数の項目が当てはまりました。

ちなみに、実は悩んでいても表立って言っていない人が多いので、**組織として把握していなくても、実は女性は働きづらさを抱えている……ということは大いにありえます。**

多くの組織がそうだからといって、そのままでよいわけではありません。そして、どうにもならない、しょうがないことでもありません。女性が働きやすい組織は、実現可能です。

わたしが以前に勤務していた病院の産婦人科は、まさに「女性が働きづらい組織チェックシート」に1つもチェックが入らない、女性が働きやすい組織が実現していました。

まずは悩みを「知る」！

そもそも「働きにくい」がなかなか理解されないのはなぜでしょう。

わたしは、「知らない」ということが原因の1つではないかと考えています。

女性の不調についてよく知らない、そっとしておくしかない……。その風潮が働きづらさにつながっているのではないでしょうか。知らないこと、自分とは関係のないことに対し、理解を求めることは困難です。

この本では、女性の身体に起きていること、女性が悩むことを丁寧にお伝えしています。「こんな苦労をしていたんだ……」と感じていただくことで、理解への第一歩を踏み出すことができるのです。

押さえておきたいポイント

- **隠しているだけで働きづらさを抱える社員がいるかも？**
- **知らないからそっとしておくではなく、悩みや不調を「知る」ことが理解への第一歩**

Question

相談できる環境づくりのために必要なこととはなに？

意見や悩みを安心して伝えられる「心理的安全性」が重要です。相談内容によって評価が下がることはないと、明確に伝えて不安を解消してあげるといいでしょう。

この本では「心理的安全性」というワードが頻出します。この本のキーワードの1つと言っても過言ではありません。**心理的安全性というのは「自分の意見や気持ちを安心して表現できる状態」のことです。**

職場においては、上司などと異なる意見を言っても叱られたり人間関係が破綻したりしないと感じられる状態のことを意味します。たとえば、上司の意見と違うことを言うと機嫌を悪くされたり、叱責されたり、嫌われたりするとします。それをおそれて、もし上司の案に問題があったとしても、進言するのを躊躇するのは人間として当然の心理です。

これは、典型的な「心理的安全性がない」状態です。心理的安全性がないと、みんながイエスマンになりがちなので、組織として成長できなくなります。

これを悩みに置き替えてみましょう。

- 妊娠しました
- 子どもが熱をだしたので休みます
- 不妊治療のためにちょこちょこ時間休をとります
- 子どもの入学式で休みます

これらを相談することによって「イヤな顔をされる」「大事な仕事から外される」などのリスクがあると、必要な休みを取れず、育児のために仕事を辞めざるを得なかったり、妊娠を先延ばししたりと、相談することをやめてしまうケースにつながります。

最近はハラスメント研修も行われているので、「あからさまにそんなことする人いないやろう」と思われると思いますが、残念ながらまだまだ聞きます。

そして、そんなつもりはないと上司が思っていたとしても、思っているだけでは伝わらないのが世の常。雇われている側は過去の事例の言い伝えなどから、妊娠したり休んだりしたら評価が下がるのではないか、と相談する前から不安に思ってしまうのです。

これは非常にもったいないミスコミュニケーションです。


実は相談すれば理解されること、なんとかなることはたくさんあります。


つまり、妊娠や育児が不利に働く、相談することで評価が下がることはない、ということを明確に伝えて、心理的安全性を確保してあげることが非常に重要です。

言わなくても分かるだろう、と思われるかもしれませんが、残念ながら、妊娠出産育児が女性の活躍を妨げてきた多くの前例が日本にはあるので、不安に思うのも無理はないのです。

ですので、やりすぎなくらい、おっせかいなくらい、心理的安全性を確保するための声かけを明確に言葉で伝える方が、コミュニケーションエラーは防ぐことができます。

悩みの種類も大きさも千差万別

心理的安全性が必要なのは、妊娠や子育てで悩む人だけではありません。

生理周期に伴う症状、更年期症状……たとえ同じ悩みでも、内容は人それぞれです。「生理の症状」で悩む女性がいるとします。客観的にみると同じ状況であっても、どの程度大変なのか、どの程度は仕事ができるのか、どの程度休みが必要なのかは、実は千差万別で人により異なりますし、その時々で変わることもあります。

だからこそ、休みや仕事の調整が必要になった時にすぐに相談できる環境が重要です。

自分1人で悩んでいると、どうにもならない

心理的安全性を作るには？

- ◉話をきちんと丁寧に聞く
- ◉やむを得ない事情に
  怒らない、責めない
- ◉解決策を一緒に考える
- ◉労いや感謝を言葉で伝える
- ◉なんでも相談して、と
  普段から伝える

**相談することを
躊躇させない
雰囲気づくりが
カギ！**

と思えることでも、相談してみると解決策が見出せることは意外とあります。

出張の多い仕事の女性が「子どもが生まれたらこれまでのようには出張に行けない」と思っても、上司に相談をすれば出張をしない、もしくは頻度が少ないといった仕事があるかもしれません。逆に、上司は、出張を減らしてあげないとと配慮しても、実は女性自身は「いままでのように出張したい！」と思っているかもしれません。一方的に判断してしまうと、「実は出張できるのに……」という人もいるでしょうし、子どもが生まれたら配慮してもらえるだろう、と相談もせずにただ待っている人もいる可能性があります。

どうしても物理的に仕事に影響がある部分については、個々に社員と組織とがコミュニケーションをとって、**お互いにとっての最適解を見出していくことが重要です。**

押さえておきたいポイント

- **心理的安全性は会社の成長にも欠かせないもの**
- **相談できれば解決策は意外と見つかる！**
- **社員と組織のコミュニケーションで最適解を見つけよう**

Question

女性がキャリアをあきらめるのはどういう時？

結婚、出産などのタイミングや女性特有の不調によりあきらめる人が大半です。これらを解決するためには経営の手腕だけでなく、医療の力も重要。困りごとは専門医が改善できることも多いのです。

「働きづらい」だけでなく実際にキャリアが「中断」「断絶」してしまうタイミングはいつでしょうか。このような状況が考えられます。

①結婚
②妊娠・出産
③更年期

さらに最近では、**④不妊治療**で仕事を辞めざるを得ない人も多いです。

男性のキャリアがこれらの事情で途絶えることはほぼありません。最近は「寿退社」は死語になりつつありますが、ひと昔前までは、結婚したら女性が仕事を辞める、というのが一般的でした。

望んで仕事を辞めるのはもちろんなんら問題ないのですが、**女性が望んでいないキャリアの中断・断絶は大問題です。**女性なら（本人が望んでいなくても）仕事を辞めてもいい、なんてことはないのです。

困っているのは女性だけではない

では、男性は女性より恵まれているのでしょうか。

認めたくない方もおられると思いますが、デフォルトでは間違いなく男性の方が恵まれて

どちらも両立できる世の中を

います。ただ、女性ならではの困りごとや働きづらさは改善できます。これは、産婦人科医だからこそ断言できます。働きやすい状態に変えることができるのです。

生理や妊娠出産については女性だけの悩みですが、実は、育児に伴う働きにくさは女性だけの問題ではありません。最近は、男性も育児をするのが当たり前の時代です（親なので当然です）。育児と仕事との両立で困っているのは、女性だけではありません。

また、生理や妊娠出産で女性が働きづらい分の仕事をこれまでカバーしてきたのは主に男性です。男性のみなさまも大変と思います。本当にありがとうございます。

つまり**「女性が働きやすい組織」は「だれもが働きやすい組織」**なのです。

女性も働きやすい組織に変えていくための方法は、精神論や経営論だけでは不十分です。多少変えていくことはできるかもしれませんが歪みが生じます。ほんとうの意味で女性が働きやすい組織になるためには、適切な「医療」が必要となることがあります。

これまで多くの女性の悩みと向き合い、多くの組織の悩みと向き合ってきた産婦人科医だからこそお伝えできる解決策をお話ししていきます。

押さえておきたい
ポイント

- 出産や不調による「やめなくてはいけない」は根絶しよう
- 家庭と仕事の両立で悩むのは男性も同じ
- 精神論や経営論だけでなく「医療」の力も必要

Question

「男女共同参画社会」と言うけど男女は本当に平等なの？

残念ながら身体的に平等とは言えません。女性ならではの疾患、症状は多く存在します。ただしこれは医療の介入により男女関係なく活躍できる体調を実現することができます。

「男女平等」「男女共同参画」という「概念」はすでに社会に浸透しています。おそらく、表立って「男女平等」に異議を唱える人はほとんどいないかと思います。

「男女平等」と頭では理解していても、行動の端々に男尊女卑の意識がにじみ出ている人はお見かけしますが、そういう方も「男女は平等ではない」とは言わないでしょう。

「男女平等」の概念は大事です。ですが、本当に、男女は平等なのでしょうか？

単刀直入に言うと、**物理的・身体的にはデフォルトは「男女平等」ではありません。**

ただしあくまでベースは、です。どういうことかというと、たとえば思春期以降、

- 月経困難症：生理中の腹痛、腰痛、頭痛、イライラ、肌荒れなど
- 月経前症候群：イライラ、抑うつ、頭痛など
- 望まない妊娠
- 妊娠
- 出産
- 不妊治療
- 産後うつ
- 子宮頸がん
- 乳がん
- 子宮筋腫・子宮内膜症・卵巣嚢腫など子宮や卵巣の良性の病気

◉更年期症状
◉子宮脱

このような「女性に産まれた」というだけの理由で、男性にはない（もしくは頻度が低い）疾患・症状を被りうるのです（更年期症状や産後うつは男性もなることがありますが、女性の方が頻度は高いです）。

これらがなぜ起こるかというと、妊娠はそもそも女性しかできないからですが、**生理や更年期については、あくまでホルモンのしわざです。本人のせいではありません。**

そもそも女性ホルモンと男性ホルモンの分泌は大きく異なります。思春期に性ホルモンの分泌が増えるのは女性も男性も同じです。グラフをご覧ください。20～40代の性成熟期において、男性ホルモンはなだらかな曲線なのに対して女性ホルモンは細かく波打っていますね。つまり、女性ホルモンは毎月分泌が乱高下しているのです。

そして男性ホルモンは老年期にかけてなだらかに減少しているのに対して、女性ホルモンは50歳前後に急降下しています。このホルモン分泌の違いが女性特有の健康課題を生んでい

〚男女におけるホルモンバランスの違い〛

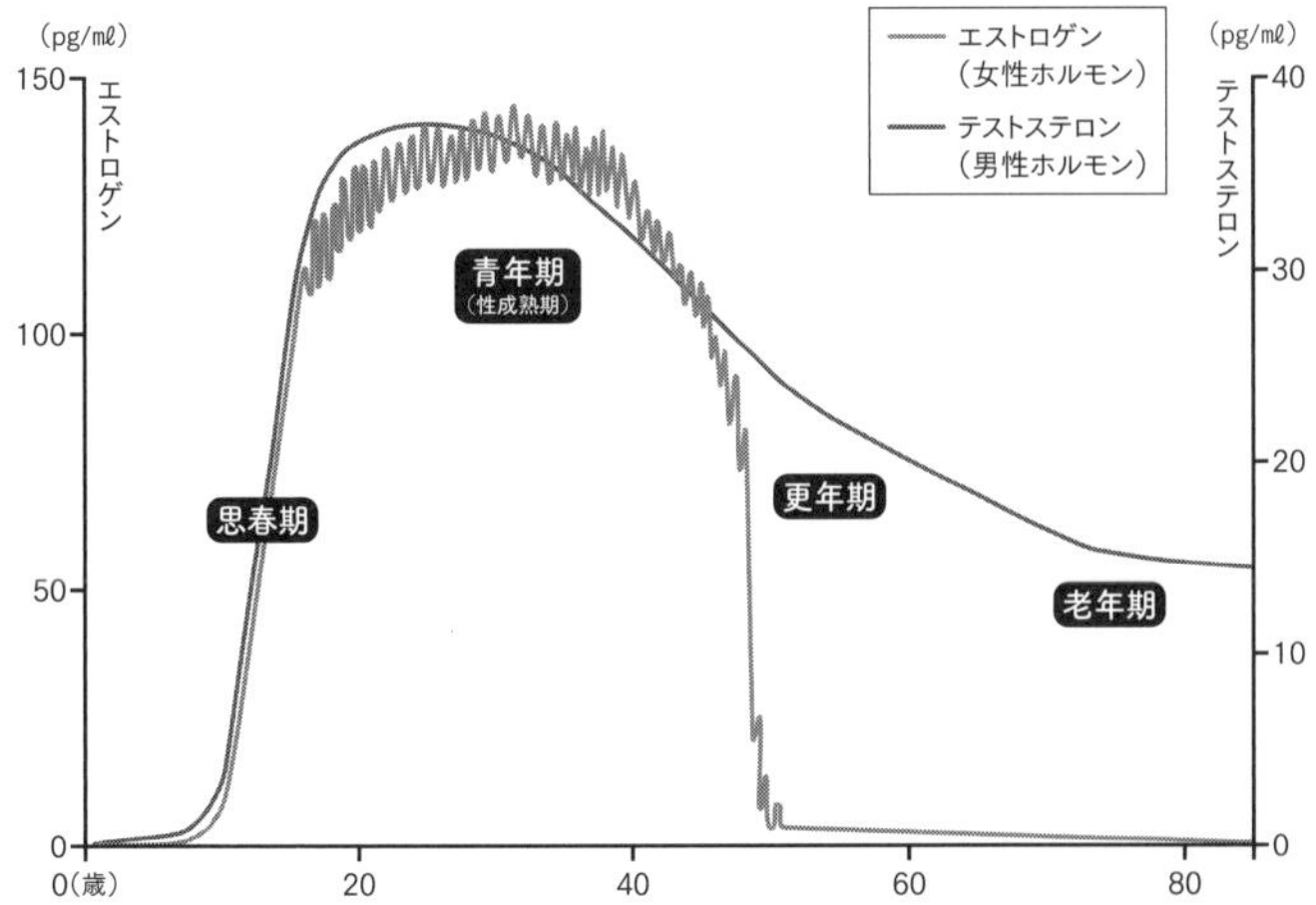

※日本産科婦人科学会編著「HUMAN+」より作成

ます。そしてホルモン分泌は、自分の努力でコントロールできるものではありません。つまり、ホルモンによる症状は「自分のせい」ではないのです。

適切な介入で身体の差は埋まる！

残念ながら、身体的には「男女平等」ではありません。となると、女性は活躍しづらいのでしょうか？

そう感じた方もいるかもしれませんが、実際には、そんなことはありません。

「これだけ女性の方が身体的に不利なら、女性の方が活躍できないのはしょうがないのでは」と思われるかもしれません。

ですが、そんなことはないことが、この本を読み終わるころには分かっていただけるはずです。大事なポイントは〝デフォルトは〟身体的には平等ではないが是正はできる、という点です。

ベースは平等ではないけれども、それを是正する方法があるのです。**男女の身体的な違いは、適切な介入によりニアリーイコールにすることができます。**

もう1つ大事なポイントは、適切な介入＝セルフケア、ではないという点です。

自分の努力だけでなんとかしないといけないものではない、というか、自分の努力だけでなんとかなるものではないのです。

押さえておきたい ポイント

- **女性の不調や疾患はほとんどが「ホルモン」によるもので、自分でコントロールできるものではない**
- **性別による身体の差は治療により埋まる**

Question

セルフケアさえできれば不調はなくなるのでは？

この考えは危険です。もちろん自分で身体を手入れすることは悪いことではありません。しかし、「医療の代替」では決してありません。悩んでいる方はまず専門医に相談することをお勧めします。

「セルフケアで○○が改善！」

雑誌やウェブ記事などのタイトルでよく見かけます。では、セルフケアってなんでしょう。

「セルフ」で「ケア」することなので、「自分自身で心や身体について管理や手入れなどを行

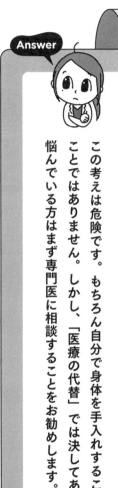

うこと」ですね。大事そうですよね。もちろん大事でないわけではなく、実際ある程度のセルフケアは大事なことです。

ただ、気をつけていただきたいのが、なんでも「セルフケア」で治るはず、「セルフケア」で対応するのがよい、医療はよくない、といった考えを持ってしまうことです。

いわば「セルフケアの呪縛」です。

たとえば「暴飲暴食はしない」「睡眠時間をちゃんととる」「適度な運動をする」などは、大事なセルフケアです。

ただし、女性ホルモンの乱高下によるＰＭＳの症状を、セルフケアによりだれもが改善できるかというと、そうではありません。

なぜなら、生活習慣でホルモン分泌を調節することはできないからです。

ＰＭＳの症状が軽い場合、ちょっとした気分転換などでまぎれる、という方も中にはいると思います。それはもちろん構いませんし、正しいセルフケアの使い方だと思います。

ですが、症状が重いＰＭＳは、自分の努力だけでコントロールすることはできません。な

ので、症状がつらい方は産婦人科でご相談ください。「自分でできることはやったのに改善しない」などの、**セルフケアをトライしてからでないと受診してはいけない、というわけではありません。**不調でしんどい思いをされている方は、すぐにかかりつけの産婦人科を受診することをお勧めします。

「○○だけで治る」には気をつけて！

ほかにも、子宮筋腫や子宮内膜症はセルフケアで改善できるものではないですが、貧血は鉄分を摂取することで多少改善できます。

ただし、巷には、「○○で子宮筋腫が治る！」のようなセルフケア系のデマがあふれています。実に治安が悪いです。騙されないでください。

ありがちなセルフケアデマ

こんなセルフケアには要注意！

- 「これをすれば治る！」と断言しているようなもの
- 病院で改善しない症状が〇〇で改善した！と紹介するもの
- 医療以上の力を持っていると感じられるような売り文句

自分で身体を手入れする
考えはもちろん大事。
ただし、「病院での治療以上」に
効果があると触れ込みがある
習慣、グッズ、食品などは
デマであることが多いので
気をつけましょう。

自分で真偽を判断するのはなかなか難しいと思いますが、簡単な見分け方として、**「○○だけで治る！」と異様に明快に言い切っているものは、要注意です。**とても分かりやすいですし、キャッチーなので、つい惹かれてしまう方が多いのですが、残念ながら人間の体はそんなに単純ではありません。

セルフケアが有効なものと、そうでないものとありますが、自分で調べてもその真偽を判断するのは正直難しいと思います（ただし、この本に書いてあることは現時点ではすべて本当です。その点はご安心ください）。

ですので、信頼できるかかりつけの先生を見つけていただき、「こう書いてあったんですけど本当ですか？」と聞いてみることが間違いないです。

わたしもよく、婦人科系の疾患で通院中の患者さんと、「○○が効くって見かけたんですけど本当ですか？」→「ウソです」というやりとりをやっています。もちろん本当のこともありますので、全部がウソとは言いません。

考え方によっては、

「気になる症状がある時にちゃんと受診すること」
「がん検診などをちゃんと受けること」

このようなこと自体も大事なセルフケアですね。

ですが、いわゆる一般的な、自分でなんとか努力する系のセルフケア「だけ」で全部が解決するわけではない、セルフケアが常に最良、というわけではない、ということは知っていただき、「セルフケアの呪縛」にとらわれずに毎日快適な日々を手に入れていただければと思います！

押さえておきたい ポイント

- **セルフケアだけで解決できると考えてしまう「セルフケアの呪縛」に気をつけよう**
- **自分で打つ手がなくなってからではなく、まずは病院へ**
- **有効なセルフケアは医師に相談して判断しよう**

第2章

「生理」は一人ひとり違う

～女性同士でもわからないことがある

Question

生理の不調や更年期の症状は気をつけていれば大丈夫？

自分の力でなんとかできるものではありません。不調の大半はあくまで女性ホルモンのしわざです。これは症状が軽い同性でも勘違いしやすい問題です。

女性特有の症状の代表的なものとして「生理痛」「ＰＭＳ」「更年期症状」がありますが、実はいずれもとても個人差が大きいものなのです。

女性がみんな生理や更年期でしんどいわけではありません。症状がある人もいれば、ない人もいる。さらに、症状がある人の中でもものすごくしんどい人もいれば、鎮痛剤を飲む程度で普通にすごせる人もいます。

「症状がある人とない人がいる」ということと「症状があっても個人差が大きくて千差万別である」ということはとても大事なポイントです。このことを、組織のすべての男性と女性が理解して、当然の共通認識となっていることこそが「すべての女性が働きやすい組織」となるための第一歩です。

同性でも理解できない可能性がある

生理や更年期による症状のつらさを、身をもって理解することができないのは、実は男性だけではありません。ほとんど症状のない女性も、そのつらさを心から共感できるわけではないのです。

なので、症状が軽くて生理などで困ったことがない女性からすると、生理がしんどくてよく仕事を休む女性のことが、「なんであの人ばっかりしょっちゅう休むのよ……」と思えてしまうかもしれません。

ですが、同じ生理でもその症状の程度は本当に人それぞれ大きく異なります。とても症状

生理で悩む方たちのエピソード

わかってくれない

◉同僚の女性から、
「わたしはそんなにつらくない」と
不調を疑われた

◉周囲が「またか……」という
少し白けた空気感になる

◉生理によるイライラが原因で、
情緒不安定な人間だと思われている

耐えてやりすごす

◉痛みや出血でもうろうとしているのに、
「甘え」と思われるのがいやだ

◉「生理は病気じゃない」と
先輩社員から言われてしまって、
つらいと言い出せない

◉周囲の女性社員は
普通に仕事をしているので、
同じように我慢しなくてはいけない

が重い場合には、動けなくなったり痛くて吐いたりしてしまうほどのことも。

小中学校の授業などでもちゃんと教えられることが増えてきたため、

「わたしは大丈夫、痛いといっても鎮痛剤飲めばみんな我慢できるんじゃないの」

「みんな我慢して働いてるのに休むなんて……」

などと思う方は少なくなっていると感じます。

当事者だけではなく周囲の人も「生理の症状は本当に千差万別である」ということの理解と想像力をもっていただけると、「気合いが足らない」「あの子ばっかり……」などの発想にはならないかと思います。

ないのです。

本人の努力不足は大きな間違い

ここで大事なことがもう1つ。その症状の程度の違いは、本人の努力に比例するものではないのです。

「普段から生活習慣に気をつけているからわたしは生理痛が軽い」

「生理がしんどいのはセルフケアがなってないからだ」

ではないのです。この考え方は、第1章で説明した「セルフケアの呪縛」です。

生理が軽いのも重いのも、本人のおかげでも、本人のせいでもありません。あくまでホルモンのしわざなのです。そして、それは自分でコントロールできるものではありません。

生理がしんどいのも、更年期症状がしんどいのも、あなたのせいではありません。

さらに、自身でなんとかしないといけないものでもありません。むしろ、自分でなんとかできるものではありません。

ですが、産婦人科を受診して、適切な治療を受けることで、症状は軽減できます。治療方法はいくつか選択肢がありますが、なにも特別な、高額な治療ではなく、ごく一般的な保険診療での治療です。

気軽に相談できるかかりつけの産婦人科があると、なにか困る症状があったら、受診して、相談し、必要に応じて治療を受けることで、プライベートも仕事も、パフォーマンスを落とさずにすむのです。

この章では、生理について、次章では更年期障害や女性特有の「がん」について、女性が言いたくても言い出せない症状について解説したいと思います。

押さえておきたい
ポイント

- ◉症状には個人差が大きい
- ◉生理の重さやつらさは自分でコントロールできるものではない！
- ◉治療は一般的な保険診療なので高額な費用はかからない

Question

生理休暇があるんだから つらい時は休めばいいのでは？

それだけでは女性の労働損失につながってしまいます。どうしてもつらい場合に休めるのは大事ですが、症状の改善を目指すのがおすすめです。そのためには治療がもっとも近道です。

「生理に伴う症状が強いが、我慢している」女性は66・4%。「女性版骨太の方針2023年」では、「生理休暇制度の普及促進」と記載されています。

「しんどいなら休んでいいよ」。一見やさしいですよね。

ですが、生理休暇を推奨することは、本当に女性のためになるのでしょうか。

もちろん、しんどくても我慢して働きなさい、と無慈悲な鬼のようなことを言おうとしているわけではありません。

生理の症状がつらい（でもそれは本人のせいではない　※復習です）↓休む（生理休暇として申請していないケースも）もしくは我慢して働くがパフォーマンスが下がる↓その結果が、生理に伴う症状による経済損失4911億円となっているわけです。

「休む前提」は不利になるケースも

経営者の立場に立った時に、「労働生産性が10の人と8の人、同じ給料で雇うならどちらを雇いたいですか？」という観点でみると、生理に伴う症状で仕事のパフォーマンスが下がる可能性がある女性が不利になるのも無理はありません。

だから、**女性はやっぱり雇いづらいし働きづらいし男性にはかなわない、ということになるわけではまったくもってありません。**「いや、男性にはかなわないでしょ」と思ってらっしゃる方、おそらく読者の中におられると思います。

外では言えないけれど、内心そう思ってらっしゃる方、きっといると思います。

だからこそ、わたしはこの本を書いているのです。

女性はやっぱり雇いづらいし働きづらいし男性にはかなわない、と、産婦人科医であるわたしは1ミリも思ったことがありません。


なぜなら、その解決策を知っているからです。

生理による不調は治療できる！

解決策は「仕事を休む」だけではありません。

生理休暇制度は労働基準法に定められていますし、どうしてもしんどい時に休める制度というのは大事です。

ですが、しんどいからと休んでいては、それは労働損失になります。女性も、休みたくて休んでいるわけではないのです（ここ重要です）。

だからといって、「しんどくても我慢して働くんや！」と根性論を展開するつもりは毛頭ありません。

生理に関する代表的なトラブル

◉腹痛　◉腰痛　◉倦怠感
◉月経量が多い　◉不正出血
◉月経不順　◉無月経
◉月経前症候群（PMS）　◉貧血　など

悩んでいたら
医師に相談!

生理に伴う症状が仕事に影響している女性は77％です。さらに、元気な時の仕事のパフォーマンスを10とした時に、45％もの女性が、生理に伴う症状によりそれが半分以下になっています。

二日酔いで仕事のパフォーマンスが下がることは男性もあると思いますが（二日酔いは自分のせいですが、生理は自分のせいではないです。ここ重要です）、二日酔いはほとんど1日で回復しますが、生理は1日では終わりません。

毎回約5日（しんどい日数も個人差があります）、1年に12～13回生理がくるとすると、**年間約2カ月間もの期間しんどいのです。**

さらにPMSもある場合は、年間4カ月間

もの期間パフォーマンスが下がるということにもなりかねません。これを、休むでもなく、我慢するでもなく、どうするのか。

その答えが「治療」です。

生理に伴う症状、生理痛、月経前症候群（ＰＭＳ）、出血量が多すぎる（過多月経）など、いずれも治療により症状を軽減することができます。

押さえておきたい
ポイント

- ◉女性の約8割が生理による仕事への悪影響を抱えている
- ◉「休む」という選択肢だけでは労働損失になってしまう
- ◉まずは症状の軽減を第一に考えよう

Question

痛み止め、ピル以外にも症状を緩和する方法はあるの？

本人の症状や希望に合わせて漢方、ホルモン剤などさまざまな治療法があります。どんな症状でも構いません。つらいと感じたらまずは産婦人科医に相談してください。

一言で「生理痛」といっても、症状は腹痛だけではないんです。

最近、生理痛体験デバイスなるものがあります。企業の研修で活用されていることもあって、「こんなに痛いなんて！」と衝撃の声が聞かれますが、それだけじゃないんです。

［仕事に影響する月経関連症状］　（13,419名の女性労働者、3項目まで回答）

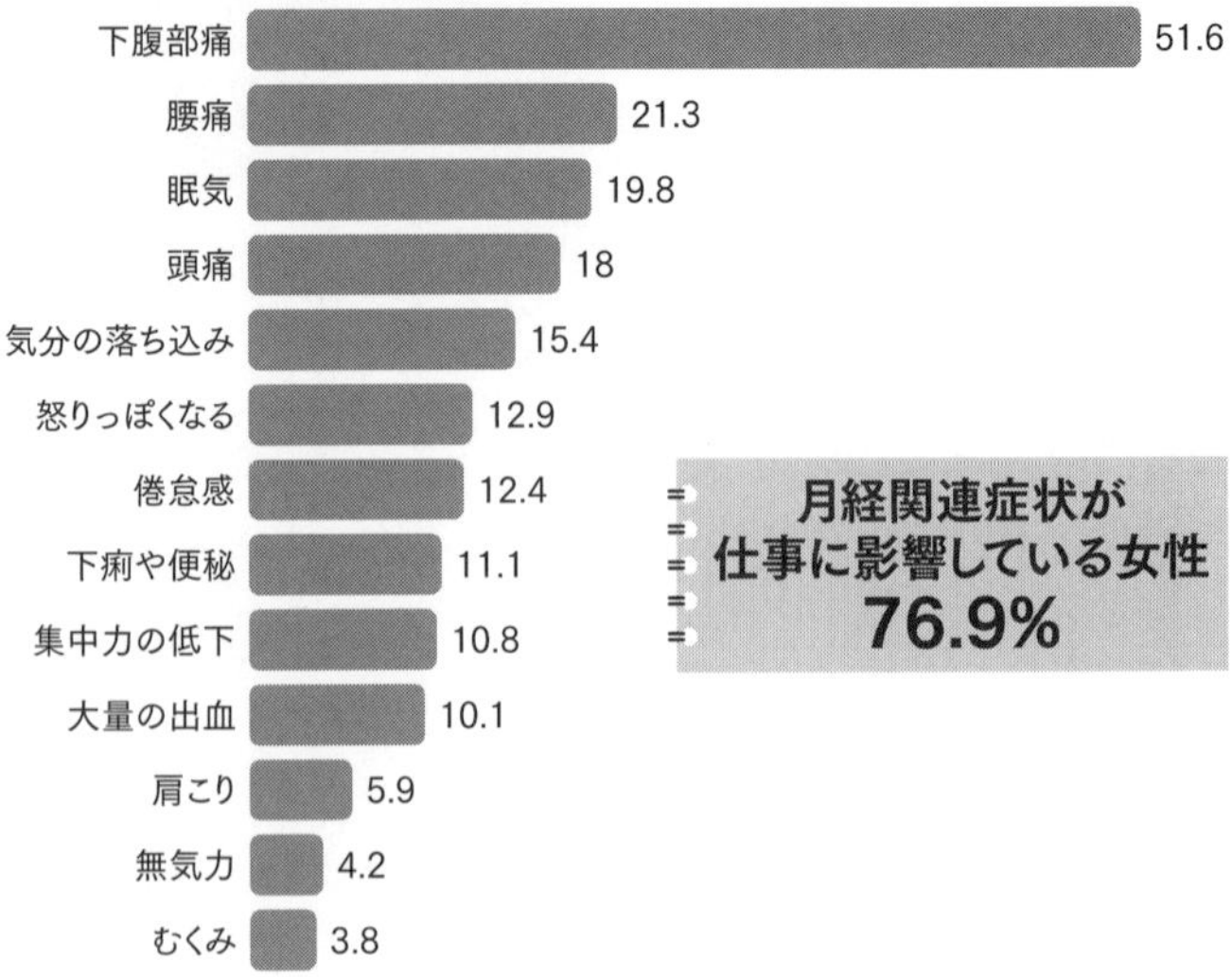

※平成28年日本産科婦人科学会
「女性の活躍・健康と妊孕性・月経関連疾患についての社会的現状調査小委員会」報告より作成

痛みの種類も、腹痛、腰痛だけでなく、頭痛などが出る人もいます。もちろん出血があり、生理用品をあてねばならず、さらに、倦怠感（怠けているわけではないですよ、本当に体がだるいのです）、イライラ、肌荒れ、下痢や便秘など、人によりいろいろな症状があります。

鎮痛剤で痛みがおさまるのであれば、もちろんそれでよく、毎回鎮痛剤を使用することは問題ではありません。**「痛み止めはあまり飲まない方がよい」と聞くこともあるかもしれませんが、ただの都市伝説です。**用法用量を守って内服する分には問題はありません。

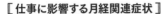

たかが生理痛と我慢しない

ただ、鎮痛剤を飲んでもまだ痛い、という場合は、産婦人科でご相談ください。生理痛がひどい方の中には、子宮内膜症が原因となっていることがあります。子宮内膜症を放っておくと、将来妊娠しにくくなってしまうということもありますので、生理痛だからとあなどらないでください。

また、痛み以外の症状がしんどい、という方も産婦人科でご相談ください。

生理痛の治療というと、低用量ピルが最近知られるようになってきましたが、治療法は低用量ピルだけではありません。ほかのホルモン剤を使うこともありますし、漢方薬を使うこともあります。

治療法は、個々の症状や年齢、ライフスタイル、ご希望などにより個別に相談できます。

低用量ピルはこわいな、と受診を躊躇されている方が時々おられますが、生理痛で受診したらもれなく低用量ピルが処方されるわけではないので（そもそも低用量ピルはこわいもので

知っておきたいPMSの基本情報

月経前症候群（PMS）とは？

月経前3〜10日間に見られる症状
月経開始とともに症状が軽減する

PMSの症状は？

情緒不安定、イライラ、抑うつ、不安、食欲増進、睡眠障害、むくみ、腹痛、頭痛、乳房のはりなど

※精神的症状が強い場合は「月経前不快気分障害（PMDD）」の可能性も

はないのですが）、まずは一度ご相談ください。

ＰＭＳはその症状により87％の方が日常生活に影響がでていると言われていますが、ＰＭＳの症状も、治療で軽減できます。ＰＭＳの症状も多岐にわたるので、症状やご本人のご希望にあわせて、低用量ピルや漢方薬、鎮痛剤など治療方針を相談します。

貧血になるレベルの量が出る人も

また、生理の量が多すぎる過多月経も治療できます。

「量が多いって、痛みに比べれば大したことないんじゃない？」と思われた方、いますよね。そんな甘いものではありません。

一晩中つけることを想定した「夜用ナプキン」でも1時間ももたない、血の塊が出る、蛇口をひねったように出血する、トイレからでられない、夜用ナプキンでももれてしまうから生理用のオムツが必要……など、それはそれは壮絶です。

会議が長いと、ナプキンを交換できずにもれてしまうこともあります。

出血が多い方は、実はすごい貧血になっていることもあります。

実は、この「出血量が多い」というのも治療できるのです。飲み薬もありますし、子宮の中に入れるタイプのホルモン剤もあります。

「子宮の中に入れるんですか⁉」とこわがられることがありますが、手術とかではなく通常の外来診察で入れることができ、一度入れると約5年間有効で、毎日薬を飲む必要もないですし、飲み忘れの心配もありません。

出血量を減らすなんて大丈夫？ 体に悪いのでは？ と心配されることがありますが、まったく問題ありません。そんなに大量に出血する必要はないですし、大量出血で貧血になる方がよっぽど体に悪いです。
生理の量が多くなければ長時間の会議もこわくないですが、ナプキン漏れの心配がなくても、性別関係なく、長時間の会議は是正した方がよいのではないかと個人的には思います。

押さえておきたい
ポイント

◉「痛み止めを控えるべき」は都市伝説
◉症状や本人の希望に合わせてさまざまな治療法があるため、本人に合った治療を産婦人科で相談しよう

Question

治療法があるのになぜみんな悩んでいるの？

「知らない」からです。そのせいで多くの方が我慢を選択しています。社会がもっと広く伝えるべきだと考えます。そのうえで「休む」などの選択肢を全員がフラットに使える制度が必要です。

治療により、生理などの不調が改善すると、どんな好影響があるでしょう。

生理に伴う症状がしんどい↓適切な治療で症状が軽減↓しんどくなくなり、休まなくてすむ。仕事のパフォーマンスも落ちない↓労働損失にならないとなります。生理が重い場合、労働損失だけでなく、プライベートのパフォーマンスも落ちるわけで、単純に考えると、毎日元気で快適な方がいいですよね。

生理に伴う症状の治療は、なにも特別な名医にしかできない、高額な医療とかではなく保険診療でだれでも受けることができるごく一般的な治療です。であるにもかかわらず、なぜ日本の女性たちは生理に苦しんでいるのでしょうか。

「みんな耐えている」を考えない

生理の痛みや生理の出血量は、人と比べるものではないので、多くの人が「こんなもんかな」と思って耐えてしまいがちです。

また、親などに相談しても、「生理なんて我慢するものよ」と言われてしまったり、生理はしょうがないもの、と刷り込まれていたりして、自分の症状が治療により軽くなることに気づいていない人が少なくありません。

「どの程度なら受診してもよいのでしょうか？」と受診の目安を聞かれることがありますが、これ以上症状が重くないと受診してはいけない、といった基準はありません。

ご本人がしんどいと感じたら受診して大丈夫です。

痛みの感じ方は個人差がありますので、絶対値で比べることはできません。本人が「痛い」と思ったら鎮痛剤を飲んでもよいですし、産婦人科医に受診してもよいのです。出血の量も、○○㎖以上でないと受診できない、という決まりはありません。多すぎる方だけでなく、そこまで多くなくても仕事によっては、こまめにトイレに行けないために、「漏れそうになって困る」ということもあります。本人が困る、つらい、しんどい、と感じたら産婦人科で相談しましょう。

そして、そういったことを「知る」機会がいまはありません。

本来は、学校で生理について教える時に、「量や痛みなどで困ったら産婦人科に相談しましょう。治療で症状は改善できます」ということも伝えてほしいところです。

教育も少しずつ変わってきていますが、すでに社会人になっている世代は教わらずに大人になっています。女性自身が、治療できることを「知らない」のは、本人のせいではありません。

社会のせいです。

ですが、遅くはありません。ちゃんと「知る」ことで、QOLも仕事のパフォーマンスも改善できます。実際、ヘルスリテラシーが高い人の方が、生理、PMS、更年期の時の仕事のパフォーマンスが高いことが分かっています。

ちゃんと知り、症状を改善するために治療というアクションをおこす。それにより、労働損失なんて言われなくなります。

受診にも使用できる休暇制度が必要

ただ、適切な治療をしても、それでもどうしてもしんどい方はいます。薬があわなくて治療をしたくても十分にできない方も中にはいます。ですので、いざという時に休める生理休暇というのはもちろん必要です。

しかし、中には「しんどいから休む」ためには生理休暇を使用できるけど、受診のためには使えない、という企業さんもあり、衝撃を受けました。

当然ですが、治療するためには受診が必要です。受診することで仕事のパフォーマンスが維持されるんですから、**休むよりも受診を推奨する方が労使お互いにとってwin-winなはずです。**

ですが、患者さんから「仕事が忙しくて、行きたくてもなかなか受診できない」という声はよく聞かれます。生理に伴う症状は、適切な治療により多くはパフォーマンスを落とさずに過ごせるようになります。だからといって、

「治療できるんならみんな治療して働きなよ！」

ではなく、

◉治療すると楽になるということを知る機会を提供すること
◉受診のために休める心理的安全性を確保すること

この2点を理解して、組織として実践していただけると「女性も働きやすい組織」に大きく一歩近づきます。

押さえておきたい
ポイント

- ◉「こんなもんか」で我慢せずしんどいと思ったら医師に相談して大丈夫！
- ◉休む選択肢は「いざという時」の手段
- ◉受診を推奨する組織づくりが社員の実力を最大限発揮できるカギになる

第3章

更年期症状、女性特有のがんについて

～「まさか自分が？」をみんなで支える

Question

更年期を迎えたら みんなが不調を抱えるの？

更年期の症状が出る方は40代で3・6%、50代で9・1%と想像以上に少ないのです。症状が出ていない場合、「更年期を迎えるのが心配……」と必要以上に悩む必要はありません。

「更年期」というワード、どんなイメージがありますか？

「もう更年期……」

「更年期症状が大変そう……」

〖更年期離職による経済損失〗　（回答「女性4196人」「男性1038人」）

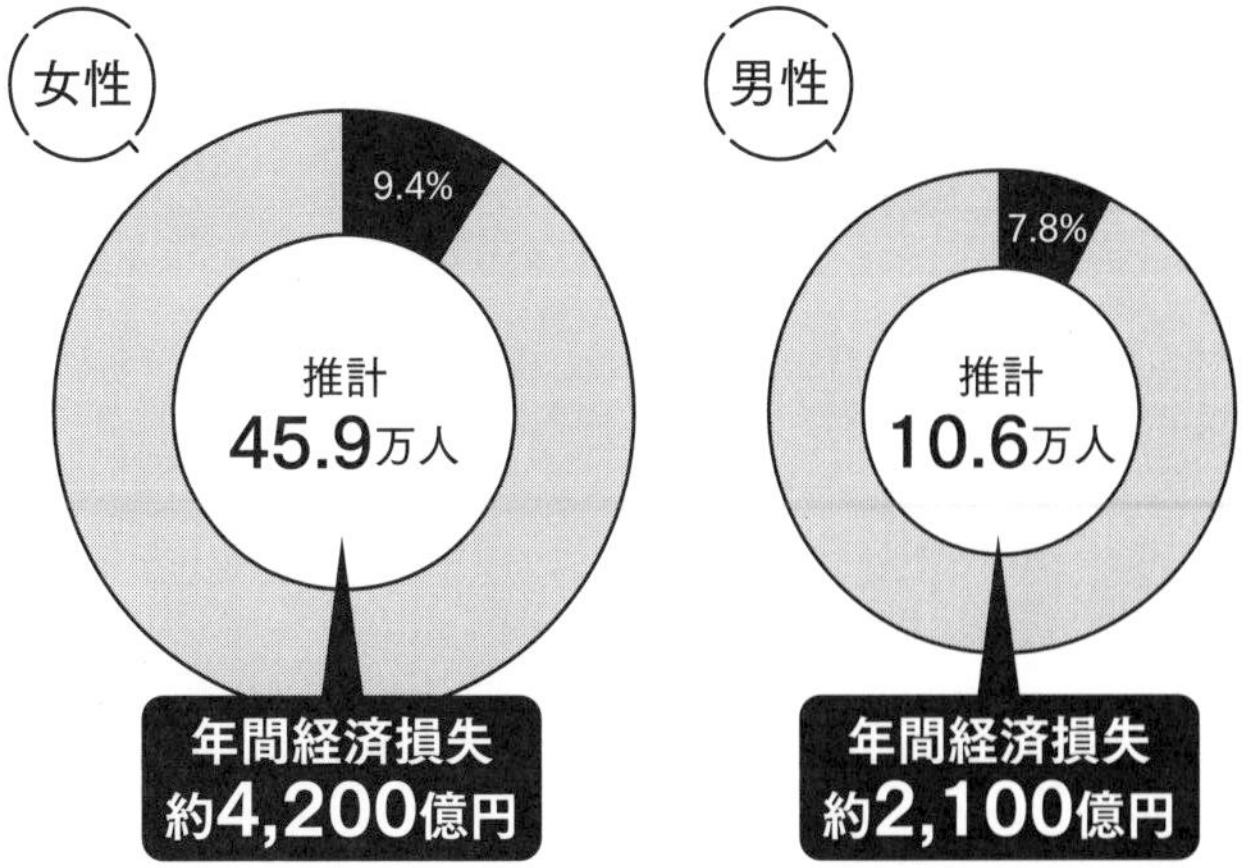

※NHK「更年期と仕事に関する調査 2021」より作成

「更年期になるのがこわい……」

など、どうも「更年期」というワードはネガティブなイメージをもたれがち。

実際、女性の更年期症状による経済損失は4200億円とも言われています。そんな経済損失をもたらす「更年期」、いったいなにが起きるのでしょう。

「更年期」は、なにかとてもこわいことが起こるような漠然とした不安を抱いている方が多いのですが、**「更年期」自体は、「思春期」のようなもので、生きていれば誰もが通るただの「時期」です。**女性の場合、閉経前後の時期を「更年期」と呼びますが、その時期に、人によっては更年期症状が出ることがあります。

たとえば、ホットフラッシュ（顔がほてる）、イライラ、関節のこわばり、抑うつ、動悸など、症状は人によってさまざまです。

症状の有無も程度も人それぞれですが、なかには日常生活に影響が出るほど更年期症状がひどいこともあります。仕事ではちょうど昇進の可能性がある年代なので、更年期症状がつらくて昇進をあきらめたり、退職したりするケースもあり、離職による経済損失だけで約4200億円と言われています。

そのような試算がされたり、更年期症状についてメディアで取り上げられることが増えたこともあり、30代後半くらいから、ちょっと調子が悪いと「もうわたしは更年期かもしれない……」と不安になったり、なにも症状がなくても40代半ばくらいから「更年期がこわい……」と不安で身構えている女性がとても多いのですが、

実は更年期症状は出る人の方が少ないのです。

想像以上に少ない「更年期障害」

2022年に厚生労働省が行った大規模調査によると、自分は更年期障害かもしれない、と考えている女性は、

◉40代　28・3％
◉50代　38・3％

です。ただし、実際に更年期障害と診断された女性は、

◉40代　3・6％
◉50代　9・1％

と、実は、実際に更年期症状が出る方というのは、意外と多くないのです。

「病は気から」と言いますが、「もうアラフィフやし、更年期障害かもしれない……」と、なにか症状があるわけでもないのに悩む必要はまったくありません。症状もないのに悩むなんてもったいなさすぎます。

年齢的には「更年期」でも、**症状がなにもなければラッキー、なにか気になる症状があれば受診しよう、という程度で大丈夫。**なにも特別なことをする必要もなく、穏やかで快適に更年期を過ごしていいのです。

なお、巷には「プレ更年期」というワードがあるそうで「30代後半～40代前半はプレ更年期だから気をつけた方がいい」というような情報が出回っているようです。

どれだけ女性を不安にしたいんでしょうか。たしかに年齢とともに体力は落ちてきますし「20代の頃のようにいかない」と思うことは多々あると思います。

でもそれは自然な変化です。「もう更年期に足を一歩踏み入れてるんですよ」みたいな不安を煽るワードでスティグマを植えつけるのは本当にタチが悪いです。

なにかネーミングしたいなら「アフター思春期」とか言えばいいんです。

気になる更年期症状もないのに「あぁもうわたしはプレ更年期……」と滅入るなんてもったいないです。みなさん本当に、不安商法にはひっかからないように気をつけてください。

押さえておきたいポイント

- 不安から更年期と思ってしまうケースも
- 更年期はみんなが通るただの「時期」
- 症状が出ていないのに不安に思う必要はなし！

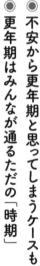

Question

「更年期の症状かな」と思ったらどう対処すべき?

更年期の症状は自身で診断できるものではありません。まずは医師に相談しましょう。治療は保険診療の範囲なので、安心して受診してください。また、男性にも更年期の症状が出る場合があります。

「更年期はこわくない!」とお話ししましたが、もちろん更年期症状がつらくて仕事に支障が出る方もおられます。しかし安心してください。**更年期症状は治療できます。**

更年期症状は多様なので「もしかして更年期症状かも」と思っても、実は原因が更年期で

更年期の不調における代表的な症状

◉顔のほてり　◉汗をかきやすい
◉手足などの冷え
◉息切れ、動悸　◉寝つきが悪い
◉関節のこわばり
◉カッとなる、イライラする
◉すぐ落ち込む　◉肩や腰の痛みなど

はないこともあります。

たとえばよくあるケースですと「すごいイライラするので更年期だと思うんです……」と受診された方に、問診でよくよくお話を聞くと「旦那が！」「子どもの受験が……」と、更年期以外の明らかな原因があることもあります。

これは分かりやすい例ですが、更年期が原因かどうか、分かりづらいこともたくさんあります。それは自分で判断しないといけないものではありません。

もしかして更年期症状かな？　と思って産婦人科を受診すると、問診と、必要に応じて検査を受け、「更年期による症状」と診断されたら、更年期症状としての治療を行います。

更年期による症状ではなさそう、となった場合は、ほかに原因があればその治療を行い（他の科へ紹介となることもあります）、原因が明らかでない場合もありますが、症状が改善するように治療法を相談していきます。

「更年期による症状」と診断されて治療を行う症状は多岐にわたるので、治療法は症状によって、ケースバイケースとなります。

一般的には、ホルモン補充療法や漢方薬などにより治療しますが、**いずれも保険診療で治療することができますので、高額で特別な治療が必要というわけではありません。**

症状に悩む8割以上が未受診

近年、更年期症状についてメディアで取り上げられる機会も増えてきました。その中で気になるニュースがありました。NHKの調査によると「職場で更年期症状について相談できていますか?」という質問に対して、6割以上の人が誰にも相談できていないという結果でした。

わたしは、「更年期症状でしんどい」ということを、職場ではなかなか相談しづらいのも無理はないと思うのです。

もちろん、相談できる環境はすばらしいことです。相談できる雰囲気であればもちろん相談していただいてもよいのですが、職場で相談することで理解は得られても、症状は軽減しません。症状を軽減したいのであれば、相談先は病院です。

実は、更年期症状を感じている女性のうち約8割は病院を受診していません。

受診せずに症状を我慢して、生活や仕事に影響するほど症状が重い方が多数いらっしゃる、その積み重ねが4200億円の経済損失です。

ということは、病院を受診して、適切な治療を受けて、更年期症状が軽減されて、仕事やプライベートのパフォーマンスが落ちなければ、更年期症状による経済損失4200億円は失わずにすむのです。

ですので、更年期〝かもしれない〟症状で悩んでいる方は、職場や家族や友人に相談するのもよいのですが、症状を軽減するためには、まず、産婦人科医に相談しましょう。もちろん「職場や友人や家族に相談することで気が楽になる」「治療をしても、まだちょっとしんどい」ということもあります。仕事の調整など職場で相談することで仕事を続けられる場合もあるので、身近な人に相談できることも、とても大事なポイントです。

〚男女におけるホルモンバランスの違い〛

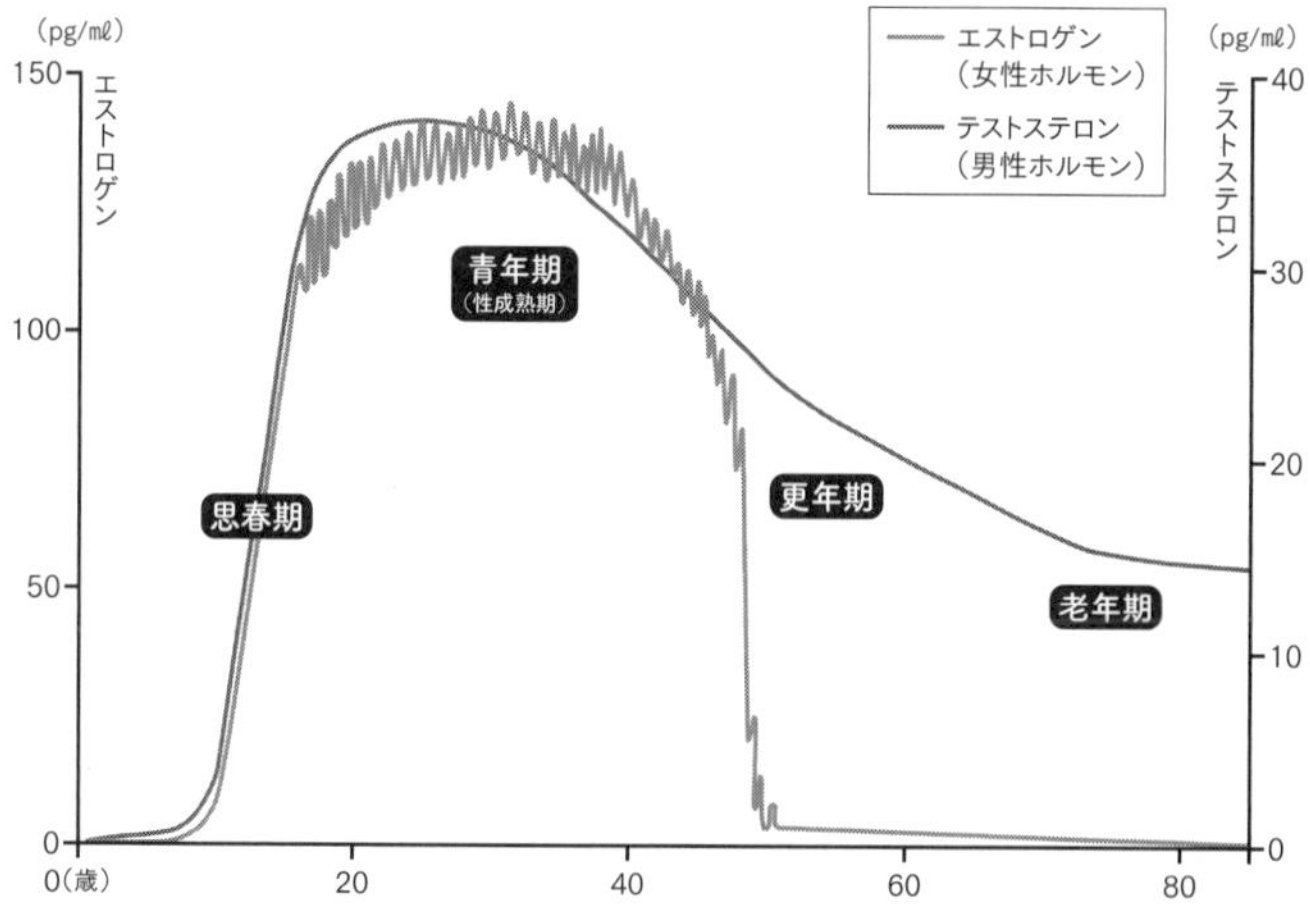

※日本産科婦人科学会編著「HUMAN+」より作成

ですが、症状を軽減するためには産婦人科医に相談、これは忘れないでください。

更年期症状は男性にもある!

「女性みんなにつらい更年期症状が出るわけではない。だとしても、現時点で4200億円もの経済損失になるんでしょ」

「そこまでではないにせよ、多少の労働損失にはなるでしょ。そら女性は管理職につけないでしょ……」

と思った方。更年期症状は、実は女性だけに出るものではないんです。

前述したホルモンのグラフをもう一度見てください。女性ホルモンの分泌は閉経前後に急降下します。この急激な変化のために、更年期症状が出ることがあるのです。

一方で、男性ホルモンの分泌の低下は非常になだらかです。ゆっくりとした減少なので、更年期症状がでないことがほとんどですが、実は男性にも更年期症状が出ることがあります。

女性のホットフラッシュのように特徴的な症状ではないのですが、イライラ、不安、疲労感、性欲低下などです。また、症状が表れる年齢にも個人差があります。

男性で「更年期症状かも」と感じたことがある人の割合は1割未満で、女性よりも頻度は低いですが、男性の更年期症状による経済損失も、約2100億円と試算されています。

つまり、更年期症状は女性にだけある症状ではなく、女性は（男性と違って）更年期があるから（男性よりも）キャリアを継続できないという認識は間違っていることになります。

男性の場合は、もしかして更年期症状かも、と思ったら、泌尿器科でご相談ください。更年期が原因の場合には、ホルモン補充療法や漢方薬で治療することができます。

事情を伝えればきちんと伝わる！

ある企業さんで「更年期症状についてみんなで考える」という企画があり、わたしは専門家の立場として参加しました。

わたしは、この章に書いたような更年期についてのいわゆる「正確な情報」をお話ししました。正確なインプット自体ももちろんとても意義のあることなのですが、ちょうど50歳前後で、更年期症状がありつつも、バリバリ仕事をしてリーダーシップをとっている女性社員さんが、ご自身の経験談をお話ししてくださいました。お話の内容は、

- ホットフラッシュがひどかったり、突然暑くなったり、体調に波があったり、更年期症状がかなりある
- しんどい時はちゃんと周囲に伝えて仕事を調整してもらっている
- 会議の時に、室温を下げさせてもらっている
- 体調によっては打合せをリスケさせてもらうかもしれないことを事前に伝えている

など、ご自身が抱える悩みと、その対処法を教えてくださったのです。

会に参加されていたのは、まだ更年期より手前の年代の社員さんたちで、経験談を語ってくださったのは、その参加者たちの上司にあたる人。

上司がこれだけしんどい症状がありながらも、「気合いで乗り越える」ではなく、ちゃん

みんなで考えれば必ず道は見つかる

と事情を周囲に伝えながら、仕事のやりくりを相談している。このことは、部下の社員さんたちにとって非常に心強いことと思います。

このように更年期症状や生理痛、ＰＭＳやＰＭＤＤ、つわりなどの女性特有の症状に限らず、**どんな病気であっても休んだり仕事を辞めたりするしか方法がないわけではありません。相談することで、解決策が見つかることがほとんどです。**

１人で考えるとどうにもならないことでも、相談してみたら、意外となんとかなるものです。

三人寄れば文殊の知恵とはよく言ったものです。相談したうえで冷遇されたり、退職を迫られたりした場合は、それはその上司の対応が間違っているので、しかるべきところへその旨を報告、相談しましょう。

対処法とロールモデルの両方が重要

ただ、その女性も、更年期症状を治療できることをご存じなかったのです。治療できることをわたしがお伝えすると「治療できるならしたい！」とすぐにおっしゃられました。

適切な治療で症状が軽減する、という「対処法がある」という正確なインプットと、更年期症状があってもキャリアをあきらめなくてよい、というロールモデル。この2つが女性のキャリアを中断せず、結果として、女性も正当に管理職として活躍できるために必要です。

押さえておきたいポイント

- 更年期の不調で悩む女性の8割が病院を未受診
- 症状の改善のためには産婦人科へ相談を
- 対処法のインプットとロールモデルの周知が必要

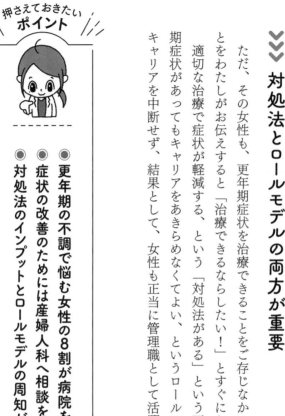

Question

若くても発症しやすい子宮頸がんについて教えて？

女性特有のがんのうち、「子宮頸がん」は、若くして発症するケースが多く見られます。ＨＰＶワクチンで予防、がん検診で早期発見が可能です。元気だからと後回しにしないようにしましょう。

どれだけ働きやすい組織になっても、体調を崩してしまっては働けません。女性の仕事に影響するのは、出産や育児や生理痛や更年期症状だけではありません。女性の働き盛りに、ちょうど発症することが多い「がん」があります。

それが、「子宮頸がん」と「乳がん」です。

ほかにも若い年代でかかることがある「がん」はありますが、**子宮頸がんと乳がんは、早期発見ができます。さらに、子宮頸がんは予防もできます。**

この項ではまず、「子宮頸がん」について解説していきます。

若いから大丈夫、ではない！

「がん」と聞くと、2人に1人はがんにかかる時代だし、高齢になればなにかのがんになることもあるかな……という印象かもしれません。確かに若いうちは、周りに病気の方もあまりいないですし、自分ががんになるなんて思ってもいない人がほとんどだと思います。

ところが、子宮頸がんは、20代後半〜40代の患者さんが最も多い年代なのです。ちょうど結婚・妊娠・出産・育児・働き盛りと、好発年齢とが丸かぶりです。

実際、妊娠と同時に子宮頸がんと診断されたり、お子さんが小さいのに子宮頸がんでお亡くなりになったりすることもあり、子宮頸がんは「マザーキラー」とも呼ばれています。

子宮頸がんはＨＰＶ（ヒトパピローマウイルス）の感染が原因ですが、ＨＰＶはとてもありふれたウイルスで、約8割の人が一生に一度は感染するウイルスです。つまり、だれでも子宮頸がんになる可能性があります。

もしかすると、「子宮頸がんは遊んでいる人がなる病気でしょ」と聞いたことがある方、いらっしゃるかもしれません。HPVが主に性交渉で感染するため、そのようなことを言われることがあるのですが、それはまったくの偏見です。自業自得とかではなく、だれでも、まったく素朴な人生を送っている方でも、子宮頸がんになる可能性はあります。ただし、子宮頸がんはHPVワクチンと検診で予防することができます。


子宮頸がんは人類がはじめて征圧しうるがんなのです。

先進国で日本だけ患者が減らないがん

海外諸国では、着々と子宮頸がんの患者さんが減り始めています。

1990年代は、日本の子宮頸がん罹患率、死亡率ともに諸外国より低いレベルでしたが、現在は欧米、オーストラリア、韓国より高くなっています。

WHOが掲げる子宮頸がん根絶のためのグローバル戦略は、2030年までに、

◉15歳までに女性の90%がHPVワクチンを接種

◉35歳までに女性の70％が子宮頸がん検診を受け、45歳までにもう一度受ける
◉前がん病変と診断された女性の90％が治療を受ける

これが各国で達成されると、2050年までに子宮頸がんの発生を40％以上減らすことができ、世界中で500万人の死亡を減らすことができると試算されています。

実際に、オーストラリアでは2028年に、英国では2040年には子宮頸がんが撲滅（10万人あたり4人未満）されると見込まれています。


それなのに、日本だけが患者数が増えているのです。 これはどういうことでしょうか。日本はHPVワクチンや子宮頸がん検診を受けることができないのでしょうか。

違います。日本は、制度自体は非常に恵まれており、小6～高1の女性はHPVワクチンを無料で接種できます。また、接種率が低い世代である1997～2007年度生まれの女性は特例で2024年度まで無料で接種できます（キャッチアップ接種、3回全部無料で接種するには2024年9月までに接種開始が必須）し、子宮頸がん検診には多くの自治体で補助がでています。

ではなぜ子宮頸がんを予防しようとしていないのでしょうか。

HPVワクチンQ＆A

Q 本当に安全なの？

国内外の研究で、接種した人／接種していない人とで、副反応と疑われた諸症状の発生頻度に差がないことがわかり、HPVワクチンとの因果関係は否定されました。つまり一般的な予防接種と安全性は同等です。

Q 誰が打てるの？

女性は小6～高1は定期予防接種の対象で無料で接種できます（一番有効な9価HPVワクチンは15歳未満で接種開始すると2回。15歳以降は3回）。

※2024年度までは、1997年度生まれの人まで特例で無料で接種できます。
1997年4月2日～2009年4月1日生まれの方は2024年9月までに接種開始を。
男性は年齢にかかわらず自費、適応があるのは4価ワクチンだけです。
※2024年4月現在の情報

答えは「知らないから」です。

自治体は、HPVワクチンや子宮頸がん検診の対象者にはちゃんと通知を送っています。ですが、多くの人は、「元気だしいいかな」「まだ若いし関係ないかな」「まぁいいか」と、スルーしてしまっています。

さらに、HPVワクチンについては過去の副反応疑いの報道が記憶にあり、なんとなく不安で躊躇している方もまだ多くおられます。その後の研究で、報道されていたような症状は、HPVワクチンを接種していない人にも同頻度でみられることが分かり、HPVワクチンとの因果関係は認められず、安全性が確認されています。

ただし、そのことがちゃんと伝わっていないのです。安全性が確認されていることを知らなければ、不安で接種を躊躇するのも当然です。日本は制度は手厚い一方で非常に冷たい国です。**安全性がちゃんと確認されたことを、国民が納得できるほどに伝えてくれませんし、予防接種やがん検診を受けていなくてもなにもリマインドしてくれません。**

最後に、２０２３年４月に、子宮頸がんでお亡くなりになった芸能事務所の社長をされていた井出智さんが、亡くなる当日のラジオでお話ししていた言葉を送ります。

「予防できると知っていたら予防したかった」

この言葉は本当に重いです。予防できることを社員さんにちゃんと教えてあげてください。

押さえておきたいポイント

- **若くても元気でも、だれもがかかりうる**
- **HPVワクチンの安全性は確認されている**
- **予防できることを企業から伝えることも重要**

Question

乳がんを早期発見するために知っておくべきことは？

「乳がん検診」と「自己触診」が重要です。乳がんは早期発見と適切な治療で、治癒する確率が高いがんです。定期的な検診と、胸に異変を感じたらすぐに病院を受診することを心掛けてください。

「わたしは10年前に乳がん検診で乳がんが見つかって、治療をし、いまも元気に仕事をしています。検診を受けていなかったら、いまわたしはここにいないんです。でもうちの会社は、乳がん検診・子宮頸がん検診が必須になっていません。必須にした方がよいと思うのですが、先生どう思われますか？」

ある企業さんで、女性のヘルスケアについての研修で講演をした際に、女性社員の方が質問してくださいました。

乳がんは、日本の女性がかかるがんのうち罹患者が最も多く、乳がんにかかる女性は9人に1人です。ですが、**早期に発見し適切に治療することで、治癒する確率が高いのも乳がんの特徴です。**

乳がんの治療は、手術、放射線治療、ホルモン療法、分子標的療法、抗がん剤治療を組み合わせて治療します。進行度やがんの種類によって治療方針は異なりますが、早期である方が治療の負担も軽くなります。

非浸潤がんである0期は10年生存率100％ですが、Ⅳ期の10年生存率は19・4％。

早期発見がいかに大事か、言わずもがなです。では、どうやって早期発見するかというと、大事なのは、「乳がん検診」と「自己触診」です。

発症した親戚がいる場合は早めに検診

乳がん検診は、国が推奨する5大がん検診（肺がん・胃がん・大腸がん・乳がん・子宮頸がん）の1つで、

- 40歳以上
- 2年に1回
- マンモグラフィ検査

が推奨されています。

もちろん、30代までは乳がんにかからない、というわけではありません。中には20代で乳がんを発症する方もいます。行政が推奨する検診は、公費で費用が助成されるため、どんな検査でも助成の対象というわけにはいかず、その検査を受けることで死亡率の低下につながるかどうか、公費を投入するだけの費用対効果が期待できるものが対象となっています。

がん検診は市区町村の管轄なので、自治体によっても運用が異なります。40代未満でも視

触診の検診は受けられる、という自治体もあります。**もし少ない自己負担で検診を受けられるのであれば、40代未満でも受けておくに越したことはありません。**

特に、親族の方の中に乳がん患者さんがおられる場合は、若いうちから検診を受けておくことをおすすめします。

親、子、姉妹の中に乳がん患者さんがいる女性は、いない女性に比べて2倍以上。祖母、孫、おば、めいに乳がんの患者さんがいる女性は、いない女性に比べて約1・5倍、乳がん発症リスクが高いことが分かっています。

乳がんを発症した親戚の人数が多いと、さ

らにリスクは高くなります。

遺伝性の乳がんの割合は5～10％で、親戚の方に乳がん患者さんがいるからといって必ず乳がんになるわけではないのですが、リスクが高い、ということは分かっています。

ただ、繰り返しますが、遺伝の有無に関係なく、9人に1人が乳がんにかかります。親族に乳がん患者さんがいる／いないにかかわらず、みなさん乳がん検診を受けましょう。

マンモグラフィは痛い？

「マンモグラフィは痛い」と聞いたことがある方、いるかもしれません。

マンモグラフィは、乳房を片方ずつ、縦・横それぞれの方向で板で挟み、レントゲン検査を行う、という検査です。

乳腺が発達している方や、生理前の胸がはっている時期は、特に痛みを感じやすいです。ただ、みなさんもれなく痛いというわけではありません。中には特に痛みを感じない、という方もいます。

ですので、「痛いと聞くから乳がん検診を躊躇している」という方がいらしたら、まずは一度は検診を受けていただければと思います。

〚乳がん検診の受診率（2023年7月時点）〛

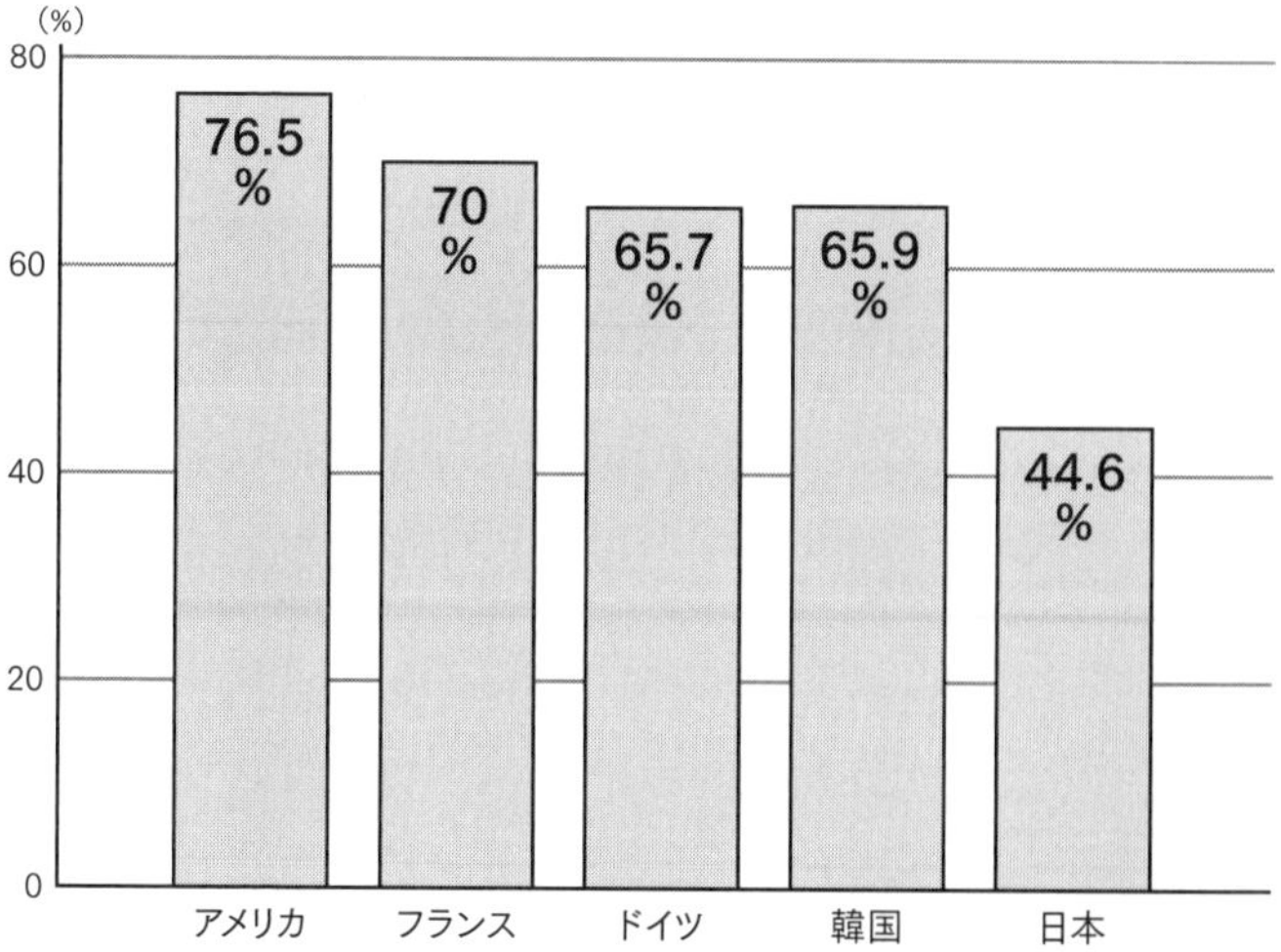

※厚生労働省「がん検診の国際比較 乳がん検診」より作成

不安がある場合は、検査の前に、「マンモグラフィは痛いと聞くので心配です……」と病院で相談してみましょう。**一言声をかけることで、不安を共有することができ、自分も安心することができます。**

検診受診率が低い日本

日本は乳がん検診も検診受診率が低いです。がん検診受診率が50%となると死亡率は4%低下するといわれています。

忙しいとどうしても後回しにしがちなので、冒頭の、乳がん既往のある女性からのご質問の通り、企業として必須の検診とするのは、大切な社員の健康を守るという意味で、とてもよいことと思います。

企業によって、オプション（希望する場合は費用自己負担）であったり、無料でもれなくついてくるところなど、いろんなケースがあります。会社の検診でも自治体の検診でも、人間ドックでもどれで受けても構いません。

ただ、**会社の必須の検診で同時に受けることができれば、わざわざ別で予約したり休みをとる必要もありませんので、検診受診率は上がるのではないかと思います。**

また、乳房の画像検査には、マンモグラフィのほかにエコー（超音波）検査があります。エコーは乳房を挟んだりしないので痛くありません。そして、乳腺が多い「高濃度乳房」の場合は、マンモグラフィでは分かりにくいとも言われています。

ただし、マンモグラフィの代わりにエコーだけ受けていてもよいかというと、そうではありません。エコーだけで、マンモグラフィの代用になるわけではありません。高濃度乳房の方も、検診の基本はマンモグラフィです。

可能であれば、1年ごと、マンモグラフィとエコーを交互に受けるとよいですね。

異変に気づいたらすぐに受診!

検診と同じくらい大事なのは、自分で気になるしこりに気づいた時に、すぐ受診すること。しこりが気になっていたけど、忙しくて受診できないまま時間がたってしまい、受診した時には進行していた、というケースを聞くたびに本当に胸が苦しくなります。

自己触診は、生理後の胸がはっていない時期に、

- しこり
- ひきつれ、くぼみ
- ただれ
- 異常な分泌液

がないかどうかを確認します。自己触診をするだけでなく、なにか気になる症状があったらためらわずに受診することが大事です。企業の方は、「そのために休みが必要なら遠慮なく相談してね」「迷惑かけるから……とか遠慮して受診を先延ばしにしたりしないで、とに

かく相談してね」などと日ごろからお声がけください。

仕事を休むことを遠慮して、受診を先延ばしにしてしまうことが想像以上にある、という

ことをご理解ください。そのうえで、受診をためらわずにすむような心理的安全性を常に確保することが、実はとても重要です。

押さえておきたい ポイント

- 早期発見のために必要な「検診」と「自己触診」
- 若くて元気でも検診に行く必要性を知ろう
- 気になる症状がある場合は迷わず病院へ行ける心理的安全性を確保しよう

Question

会社としてがんについてどう考えておくべき？

社員の病気＝労働損失を防ぐための検診や受診の必要性を伝え、「そのための休みは取らなければいけないもの」と念押ししましょう。大事なおせっかいは心理的安全性にもつながります。

子宮頸がんと乳がんのための治療で仕事ができなくなることによる経済損失が年間2966億円と試算されています。

そのうち、子宮頸がんによる損失は損失せずにすむものですし、乳がんによる損失も早期発見することでなるべく小さくすることができます。

育児と仕事の両立、福利厚生など、社員のためにいろいろ制度を整えても、ひとたび社員が大病を患うと、どうしても仕事に制約がでてしまいます。当然、会社にとっては労働損失となります。


病気を労働損失と表現するのは不適切、と感じるかもしれませんが**「仕事が制限されてしまう」という意味では、雇用主からすると「労働損失」となります。**それよりも、ご本人の人生、日々の生活、プライベートにおいて、金額には換算できない損失となりかねません。

もちろん、治療と仕事の両立も大事ですし、罹患しても前向きに、というのは大事です。ですが、かからずにすむ病気にはかからないに越したことはないですし、早期発見で治せる病気は早期発見するに越したことはありません。

そのために「検診を受けましょう」と大切な社員さんにお伝えください。

自治体が周知しているんやから、企業がやることじゃないよね、と遠慮なんかしないでください。


遠慮は不要です。大事なおせっかいです。

検診と受診は「必要な休み」

大切な社員を、防げる病気から防ぐために、組織としてできることは2つ。

1つは、がん検診の案内をすること。しつこくすること。

自治体からのおたよりをスルーしているくらいですから、サラッとつつましく案内しても間違いなくスルーされます。なぜがん検診を受ける必要があるのか、まで含めてちゃんと伝えてあげることが重要です。

2024年度まで、新入社員から入社数年目の方まではHPVワクチンのキャッチアップ接種の対象でもありますので、それもあわせて伝えてあげてください。

社会人ともなると仕事が忙しくて、HPVワクチンを接種したいけど受診する暇がない、と先延ばしになっている方、検診にいかなきゃと思いつつ、仕事の調整をするのが面倒でそういえばもう何年も検診を受けていなかった、という方、たくさんおられます。

さらに悲しいのは、不正出血が続いていたけど、胸にしこりを感じていたけど、仕事が忙しくて受診しないまま放っていて、いよいよおかしいと思ってようやく受診した時にはすでにがんが進行していた……というケースも少なくないことです。

がん検診の案内に加えて、もう1つ、組織としてできることは、休みをとることを躊躇させない雰囲気づくりです。

受診に限らず、社員には有給休暇をとる権利があるわけですが、特に真面目な人ほど、休みをとることを躊躇しがちです。

気になる症状があったらちゃんと受診すること、そのために休みをとることはなんら問題ないこと（受診でなくても休んでよいのですが！）、なにか相談事があるなら遠慮なく相談してよいことを丁寧に伝えてください。あったり前田のクラッカーなことをわざわざ言う必要ないのでは、と思われるかもしれませんが、それくらいにしないと、遠慮したり躊躇したりで受診しません。

「仕事をさぼる」ではなく「必要な休みをとる」ことは仕事の評価には影響しない。むしろ、健康第一、気になる症状は放っておかずにちゃんと受診しましょう。

と、受診を躊躇させない「心理的安全性」を確保してあげてください。

押さえておきたい
ポイント

- **受診や検診をためらわさせない心理的安全性を確保**
- **自分の身体を守る必要性を会社が伝える「おせっかい」はどんどんしよう**
- **受診や検診を先延ばしにしている社員が多いと理解しよう**

さあ折返し地点！
4章では「子どもと仕事」
について解説します

第4章

子どもを持つ、持ちたいって迷惑なの？

～出産、育休、不妊治療について知っておきたいこと

Question

キャリアと子どもの両立はなぜ難しいの？

女性が社会で活躍するようになりつつある現在、子どもの有無が問題になっています。働くことにおいて「子を産む」権利が、実は軽視されているためです。「産みたいならどうぞ」だけでは、キャリアの継続は困難です。

「女性も優秀だよ、でもね、彼女たちは出産の時に仕事を離れるんだよ」

いまだに、女性は出産で仕事を休む可能性がある、とネガティブに捉えられることが少なくありません。

とある国内の大企業で、過去に（といっても昭和ではなく平成後半です）、入社数年の女性社員が、上司から「君は将来、結婚して妊娠を希望するのかどうか、いま決めてくれ。そうしないと、業績の評価ができない」と言われたという話を聞いたときは、衝撃と憤りを通り越してにわかには信じられませんでした。

産休はその間、仕事をしない＝労働力としてマイナス、という発想の方が、まだまだ日本の社会にはおられるようです。

いまこれを読んでおられる方の中にも「いや、働けないんだからそりゃマイナスでしょ」と思っている方がいるでしょう。産休育休をとるのは権利（産後の産休は義務）、だけど休んでいるんだから労働評価としてはマイナス、そんなことを発言したら批判される。だから口に出しては言わない、けど内心はそう思っている、という人もいるかと思います。

口にださなくても、内心はそう思っていると、どうしても軋轢《あつれき》がうまれてしまいます。

なぜか軽視される「産む権利」

「リプロダクティブ・ライツ」、生殖に関する権利は、基本的人権の1つであり、いつ、何人の子どもを望むか、望まないかを自分で決める権利が人にはあります。昭和の頃は、結婚して家庭をもって子どもを育てるのが「一般的」という社会的な圧力がありましたが、

結婚しない
結婚しても子どもを望まない

など、ライフプランの多様性が日本社会にも浸透してきています。

まだ結婚しないの？
まだ子どもいないの？

というような言葉をかけられることは、いまの日本ではかなり減ってきました（地域差はあるかと思います）。つまり「産まない権利」は（地域差や家庭による違いはあれども）かなり守られる世の中になっているのです。「産まない権利」が守られるようになった一方で、「産む権利」は守られているでしょうか？

お子さんを望んでいても、職場での状況を考慮して妊活のタイミングを見計らう、というのは、働いている女性はだれしも考えることかと思います。

自分のキャリアに影響することでもあるので「このプロジェクトが終わったら」「あの資格をとったら」と、妊活の時期を微調整することはあると思います。

ただ、それだけではなく、マンパワーが足りない中で「自分が産休でぬけたらどうなってしまうかと思うと妊活できない」「女性が多い職場なので、妊娠も順番に……」と、職場の状況によりやむを得ず妊活の時期を先延ばしにしている方も少なくないのではないでしょうか。

職場や上司の方から「妊娠されたら困る」というような発言はさすがにいまの時代はハラスメントになりますので、直接的に言われることはないにしても、そういう雰囲気を感じ取ったり、空気を読んで自ら遠慮したりしてしまう、ということがあります。

また、1人は産んだものの、その時の経験からこれ以上キャリアに影響を与えたくない、と、**本当はもう1人ほしいけれどあきらめる、というケースもあります。**女性が社会進出したいま、実は「産む権利」があまり守られていない社会となっているのです。

「産みたいなら産めばいいじゃないか」と思われるかもしれないですが、子どもを産み育てながら、女性が、社会的地位を維持し続けることへのハードルがあまりに高いのです。

押さえておきたい ポイント

- **産休＝労働力のマイナスという意識が根強く残っている**
- **「いま妊娠されたら困る」空気感で遠慮するケースも**
- **子どもを産み育てながらの社会的地位の維持は本当に難しい**

Question

結局は、子どもができるとよく休むし困らない？

Answer

組織のマンパワーだけを考えたらそうかもしれません。しかし、少子化が進むと市場が縮小します。つまり、長期的に考えると、子どもを育てる環境づくりは会社の未来を守ることにもつながるのです。

「産みたい人は産めばいいし、それは大事な権利。ただそうはいっても、出産の時に仕事休むよね？　それは組織としてはマイナスでしょ」

と思われる方はいると思います。

では、女性社員がみんな出産しないとどうなるでしょうか。

長期的な視点で考えよう

産休や育休で仕事を休むことはなくなるので、組織としてはありがたいでしょうか。確かに短期的には、そして「その組織だけ」を見たら、「マンパワーが減らない」という意味では産休育休をとる人がいない方がよいかもしれません。

ですが、働く女性が全員子どもを産まなくなったら日本の出生数は激減します。いまや夫婦世帯の約7割が共働き世帯です。単純計算で、出生数が7割減ったら急激な少子化から人口減少に拍車がかかります。

少子化は問題視されているものの、いまの日本では人口減少はまだ意識されることはあまりないかもしれません。しかし長期的にみれば、移民を受け入れない限り、少子化の社会というのは、人口もいずれ減少していきます。

人口が減少するというのはどういうことかというと、あらゆる業種の市場が小さくなる、ということです。短期的にみると、女性が出産で仕事を一時的に離れるのはマンパワー減ですが、長期的にみると、**その出産によって次の社会が維持され、企業としての市場も維持さ**

れていくことになります。

また、もう1つ大事なポイントは、物理的な、職場にいられる「時間」ではなく、各個人の長期的な「生産性」で評価することで、単純な「マンパワー減」とはなりません。

まず、女性社員が出産育児することが「やりたいから勝手にやっていること」だけではなく、「社会として、ひいては各企業にとっての多様性とサステイナビリティのためにもプラスになる」ということに気づいていただくと、産休育休をポジティブに捉えられるようになるのではないでしょうか。

もちろん、お子さんを望む人たちは、「社会のために」というわけではなく「本人たちが子どもを望むから」なのですが、結果的に社会の維持のためになっている、ということです。

「望む人」を応援できる社会づくり

しかし、だからといってみんなが産むべき、というわけではありませんし、子どもを産む人は社会に貢献していて、産まない人はそうではない、ということではありません。

産む、産まない、は個々の自由で、個々に決める権利があります。とはいえ、産まない／産めない人が多くなると「少子化だ、大変だ！」となります（なっています）。

少子化だからみんな産んでください、という時代ではもちろんありません。そしていつの時代になっても、全員が産まなくなる、ということはおそらくないと思います。

たとえ割合は減っても、子どもを望む人はある一定数おり、社会を維持するためにはある一定の出生数が必要です。

であれば、子どもを望む人たちは、望む人数の子どもに恵まれることが叶い、そしてそれを応援できる社会になるのはいかがでしょうか。それが建設的な少子化対策です。

短期的な、ミクロな視点でみると、マンパワー減という意味では組織にとってはネガティブに感じるかもしれませんが、**長期的かつマクロな視点でみると、社会にとっても組織にと**

ってもポジティブなことです。

最近、多くの企業が「ＳＤＧｓ」を掲げています。ＳＤＧｓは環境問題ととらえられる傾向がありますが、ＳＤＧｓ：Sustainable Development Goals（持続可能な開発目標）は「持続可能でよりよい世界を目指す国際目標」です。環境に関することだけではありません。お子さんを望む人がお子さんに恵まれることで次の世代が育まれていく、まさに社会のサステイナビリティのために必要なこと。

社員の出産育児を応援することも大事なＳＤＧｓの一環です。

押さえておきたい ポイント

- **職場にいる「時間」ではなく「生産性」で評価**
- **企業を維持するには一定の出生数が絶対的に必要**
- **社員の出産育児の応援は「ＳＤＧｓ」の1つ**

Question

妊娠中の女性社員がいた場合どんな対応が必要？

業務量の調整や人員配置を早い段階からマネジメントしましょう。現場に負担を強いると、軋轢が生じる可能性があります。また、妊婦の社員に配慮が必要か否かを、個々にこまめに話し合いましょう。

「長期的に、組織にとっても社会的にもポジティブなこと」と頭で理解はしていても、物理的に「労働力が減る」のはまぎれもない事実です。組織によっては人員補充がない場合や、組織の大きさによっては1人減ることで周りに大きなしわ寄せがあることも。

しかし産休は、交通事故による入院のように、突然休みに入るわけではありません。上司やチームも産休に備えて、業務量の調整や人員配置の準備をする時間的余裕があります。

そこを適切にマネジメントせず、業務量そのままに1人欠員となったら、周りの人にしわ寄せがいくのは当然です。

負担の「お互いさま」は管理職の怠慢

産休は妊娠したらみんなとるもの、という意味で「お互いさまだから」「順番よ」という人もいますが、「産む」「産まない」は個人の自由です。さらに産まない選択をした人や、産みたくても産めない人もいる中で、「みんないつかは産休をとるものだから、大変なのは仕方がないことだ」というのは筋が通らない。

適切なマネジメントをせずに、お互いさまだから大変だけどがんばって、と現場に負担を強いるのは、管理職の怠慢で、悪いのは妊婦さんではありません。

ですが、往々にして、産休をとっている人に不満が向いてしまいます。

そして、先輩の妊娠出産で組織にしわ寄せが生じるのを見た人が「妊娠出産は組織に迷惑をかける」と思ってしまい、躊躇しているうちにタイミングを逃して、妊活開始が予定より

も遅くなってしまった……。結果として、年齢が上がってからの妊活となり、不妊治療が必要となってしまう、という負のスパイラルに陥ったケースを何度も見てきました。

妊娠出産を望む人がキャリアを続けながら出産育児できるためにも、組織の中に軋轢を生じさせないためにも、臨機応変なマネジメントは非常に重要です。

なお「産休は突然ではないので準備期間がある」とお伝えしましたが、それは、妊娠経過が順調であれば、の話で、なにがあるか分からないのが妊娠中。妊娠悪阻で入院が必要になることもあれば、切迫早産などで緊急入院が必要となることもあります。頻度が高いことではありませんが、決して妊婦さんのせいではなく、やむを得ずそういうことが起こりうる、ということを、知っておいていただければと思います。

緊急入院で急に仕事を休むことになるのは、マネジメント側としては対応が大変と思います。切迫早産で急遽入院が必要となる場合に「仕事の引継ぎに行きたいんですけど……」と相談を受けることも多いので（行けるかどうかは状況によります）、あらゆる業種それぞれに大変さがあるのもよく分かります。みなさまご対応本当にありがとうございます。

配慮が必要かこまめに話し合おう

逆に、妊娠中はどんな時期でも安静が必要かというとそういうわけではありません。まだ**お腹がさほど大きくない時期は、普通に動くことができますし、動いてもすぐにお腹がはるということも一般的にはありません**（お腹がでていなくても、お腹がはる場合は受診してください）。しばらくは通常通りの業務をこなせるケースも多いです。

ただ、仕事内容にもよりますし、妊娠中の体調には個人差が大きいので、業務内容の配慮が必要かどうか、個別にコミュニケーションをとることが重要です。「体調がすぐれず、配慮してもらいたい」という場合もあれば、「本当はまだ通常通り働けるのに、上司がよかれと思って必要以上に業務を軽減してしまう」というケースもあります。

コミュニケーションが円滑であれば口頭でのやりとりでもよいと思いますが、診断書などが必要であったり、直接言いにくい、という場合に「母性健康管理指導事項連絡カード」というのを活用することができます。

業務内容の緩和、通勤緩和、休憩時間の延長など、必要な措置を、医師が記入し、妊婦さんが事業主に提出するというもので、これが提出されると、事業主は、男女雇用機会均等法第13条に基づいて、適切な措置を講じる義務があります。

押さえておきたい ポイント

- 育休や産休などにより現場の負担が増えると、軋轢が生じたり、妊娠をためらう原因になる
- 業務の内容や調整などはよく話し合って決めよう
- 「母性健康管理指導事項連絡カード」の活用もあり

Question

マタハラが問題になっているけど なぜ起こってしまうの？

「産む権利」の軽視による理解のなさが原因だと考えます。逆に腫れ物に触るようにそっとするのもいい手ではありません。細かなコミュニケーションで配慮や休むタイミングなどを話し合いましょう。

これだけハラスメントに敏感な世の中になっても、いまだに妊娠中のメンバーへのマタニティハラスメントを耳にします。

妊娠してお腹が大きくなると、膀胱が圧迫されて頻尿になるのですが、トイレの回数が多いことを「トイレに行きすぎ」と注意されたり、立ち仕事の業種で切迫早産となり立ち仕事ができないことを伝えると「じゃあ辞めてもらうしかない」と言われたり。

耳を疑うようなマタハラが、いまでも日本で起こっています。

「いやそんな時代遅れな、明らかにハラスメントになるようなこと言わないでしょ」と思われるかもしれません。あなたはマタハラをしていなくても、あなたの部下のチームリーダーは大丈夫でしょうか？

正社員には言わなくても、派遣社員さんに対して、マタハラにあたるようなことをしていないでしょうか？

辞めさせるわけでなく、（よかれと思って、であったとしても）相談せずに勝手に業務負担を必要以上に減らすことも、マタハラになりかねません。本来はまだ普通に仕事ができるのに、**妊婦であるという理由だけで業務からはずすと、キャリアに影響することもあるかもしれません。**

ただ、妊娠中の体調は本当に個人差があるので、どこまで仕事ができるか、は、個別にコミュニケーションをとるしかありません。たとえば、

マタハラの事例

妊娠報告～育休まで

- 「忙しい時にいなくなるなんて…」と露骨に迷惑そうな文句を言われた
- 仕事への配慮が「ズルい」と問題になった
- 「妊娠は自己都合」だと減給、降格を命じられた

産休・育休中

- 復帰の相談をしたら部署の配置転換、契約内容の変更まで強いられた
- 「以前と同じ働きは期待できない」と退職を迫られた

復帰後

- 時短勤務が叶わず、定時退社も出来ない状況で途方に暮れている
- 子どもの病気で休んだり早退したりする際に、必ずため息をつかれる
- 勤務時間内はもっと働けるのに、閑職へとばされた

◉デスクワークはいままで通りできる
◉○月ごろまでは出張も行ける予定
◉○月ごろまでは立ち仕事も大丈夫
◉出社は難しいがテレワークならできる

など、具体的なコミュニケーションが重要です。コミュニケーションをとらないと、なんとなく腫れもの扱いで、お互い牽制してしまうことになりかねません。具体的に言語化することで、お互いに見通しが立ちます。

人間は「なんとなく」だと、えもいわれぬ不安を感じますが、**「できること」「できないこと」「なにが不安なのか」を言語化することで、不安が解消されます。**

さらに、具体的に確認すると、思っていた以上に働ける場合もあります。妊婦さん＝働けない、という先入観から入らずに、ぜひコミュニケーションをとっていただければと思います。

なお、マタニティハラスメントを受けた妊婦さんは、まず社内で相談ですが、取り合って

もらえない時は労働局に相談しましょう。マタニティハラスメントは違法です。泣き寝入りしなくてよいのです。

配慮が必要かこまめに話し合おう

妊娠中のコミュニケーションも大事ですが、それは妊娠中だけでなく産後も同様です。

産後どの程度で復帰する予定なのか、予定通り復帰できそうなのか、ある程度見通しがあるとマネジメント側は助かります。

産後の回復は人それぞれで個人差が大きく、育児の大変さも人それぞれです。「育休をどの程度とりたいか」も個人差があります。

なるはやで子どもを保育園に預けてはやく

仕事復帰したいタイプ（わたしはこれです）、しばらくは保育園を利用せず家で育児したいタイプなど、産後の体調や性格によっていろいろです。

育休をとる権利はだれにでもあるので、どちらの方がよいとかではなく、これはもう「どっちがいいか」と、「保育園の事情」にもよります。

また、はやく復帰するつもりだったけれども、産後の体調が思わしくなく、予定よりも仕事復帰が遅れる、といったこともありえます。

育児の大変さも人それぞれで、**子どもの性格や体調や年齢によってもいろいろ。夜泣きが多い子もいれば、ぐっすり寝てくれる子もおり、それによっても親の体調は左右されます。**

予定通りにいけそうか、軌道修正が必要か。随時、組織とコミュニケーションをとることでマネジメントしやすくなり、組織が円滑にまわって産後の職場復帰もしやすくなります。

たとえば、わたしは3人という小さいチームで産休をとることになりました。3人で担っていた診療を2人で担うことになるので、10人から1人抜けるのとはわけが違います。

もしわたしが、産後1年育休をとるつもりであれば人員補充が必要だったと思います。しかし、体調が許せば最短の産後8週間で復帰するつもりで、それを事前に伝えていました。

その間、業務量の調整もしつつ、2人で回してくださいました。そして産後数週間のところで、体調がよいので予定通り復帰できそうである旨を連絡し、人員補充しないままわたしが産後8週で職場復帰しました（産前は直前まで可能な範囲で勤務していました）。

わたしが育休をとらなかったのは「日中は仕事」「夜は育児」というオンオフがわたしの精神安定上必要であるだけで、育休をとらないことを推奨しているわけではありません。

育休の取得は個々の選択ですが、権利だからと、コミュニケーションを十分にとらずに育休を取得するのではなく、見通しを組織と随時共有する、というマネジメント側への配慮をすることで、復帰も円滑になると思います。ハラスメントにならない言い方で、管理職側から随時状況を確認する、という方法でももちろん構いません。

押さえておきたいポイント

- **心ない言動や勝手な業務変更などは「理解のなさ」が原因**
- **「できること、できないこと」「不安」を言語化しよう**
- **復帰のタイミングも随時相談することが大事**

Question

不妊治療に対して知っておくべき基本とは？

主な治療法は大きく分けて3つで、「タイミング法」「人工授精」「体外受精」と段階的に進みます。なによりも知っておいていただきたいのが、不妊治療は非常に大変だという点です。

わたしは、現在さまざまなテーマで企業研修を依頼されることがありますが、最近は「不妊治療」についての講演を依頼されることが増えてきました。

企業側の意図として、

◉不妊治療と仕事の両立について、どのように両立すべきかを研修で社員に伝えてほしい
◉不妊治療と仕事の両立について、実際にどう大変なのかよく分からないので、そこから教えてほしい

という背景で、不妊治療をテーマにした研修を企画されているようです。

「不妊治療」というワードは社会にすっかり浸透しているので、「不妊治療をしている人がそれなりにいる」ことと「不妊治療ってなんとなく大変そう」という漠然としたイメージは多くの人の共通認識かなと思います。

では、不妊治療は本当に大変なのでしょうか？

答えは、確かに「大変」です。ですが、不妊治療ありき、ではないのです。

ここからは、不妊治療の基本的な方法から問題点、その大変さを解説していきます。最後まで読んでいただくと、不妊治療はありきで考えるべきではないことが分かると思いますので、しばしおつき合いください。

不妊治療は「タイミング法」から段階を踏む

そもそも不妊治療が具体的にどのようなものなのかが分からないと、大変さもイメージしづらいと思うので、そこからお話ししていきます。

その前に、大前提として「不妊」というのはどういう状態でしょうか？　医学用語の定義としては、「不妊」とは、妊娠を望む健康な男女が避妊をしないで性交をしているにもかかわらず、1年間妊娠しない状態を指します。**この「不妊」に当てはまる人だけが不妊治療をしているかというと、そういうわけではありません。**

男女のカップルが妊活を始める時、まずはタイミング法から始めます。タイミング法というのは、排卵のタイミングに合わせてセックスすることです。タイミングを図ったつもりでなくても、たまたま妊娠するケースももちろんありますが、「妊活しよう」と思ったら、排卵日のあたり（少し前が、一番妊娠率が高い）にタイミングを合わせてセックスをします。

このタイミング法でなかなか妊娠しなかった場合に、産婦人科を受診される方が多くみられます。まずお聞きするのが「受診するまでにどの程度タイミング法をトライしたか」です。

そして、女性側の年齢にもよりますが、本格的な不妊治療の前に行うのが、

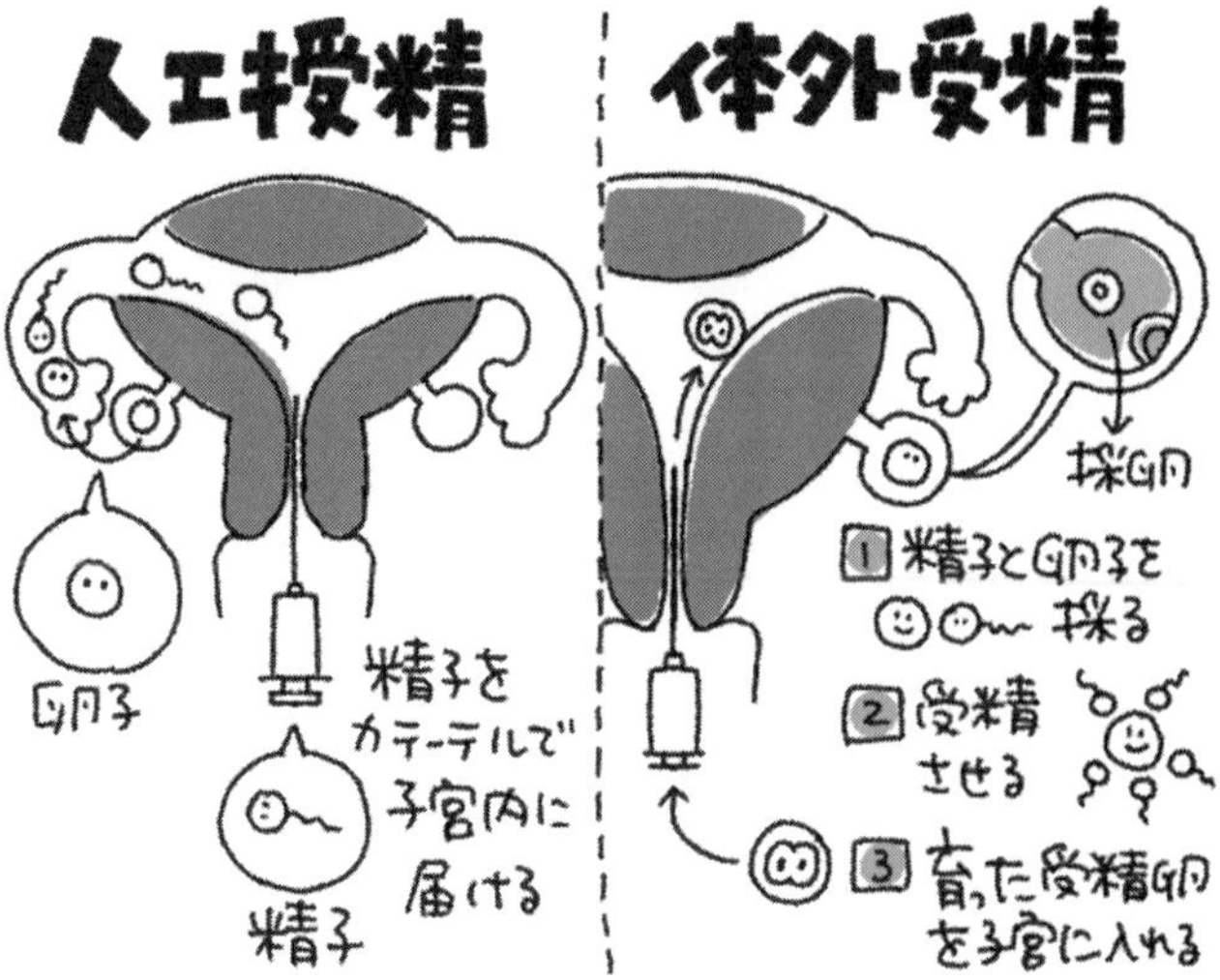

◉病院で卵胞チェックなどにより排卵時期を見計らいつつ行うタイミング法
◉排卵誘発剤を使用してのタイミング法

などです。

それでも妊娠しない場合は、次に人工授精を行います。人工授精というのは、精子を濃縮して、カテーテルで子宮の中へ届けてあげる、という方法です。

人工授精でも妊娠しない場合や卵管が通っていない場合は、体外受精を行います。

体外受精は、女性の卵巣から卵子をとり（採卵）、体の外で精子と受精させて、受精卵にしてから子宮の中に戻す（胚移植）という方法。

精子の数が非常に少ない場合は、1個の精子を卵子内に直接注入する顕微授精を行います。体外受精や顕微授精のことをＡＲＴ（assisted reproductive technology：生殖補助医療）といい、一般的な産婦人科クリニックでは行っておらず、不妊治療専門クリニックや大きい総合病院で受ける治療となります。ステップアップのタイミングは個々に相談して決めていきます。

一般的に「不妊治療」と言った時にどこからを指すかという定義はありません。タイミング法は通院しなくてもできることではあるので、厳密には「不妊」ではないケースも含まれることになります。でもそこは厳密に分けないといけないものではありません。

押さえておきたい
ポイント

- **まずは排卵日と合わせてセックスをする「タイミング法」**
- **それでもできない場合は「人工授精」「体外受精」に移行する**
- **ステップアップのタイミングはケースバイケース**

Question

不妊治療をする人がよくいるけど本当に大変なの？

Answer

想像以上にしんどい思いをなさっている方がたくさんいます。大きく分けて負担が3つあります。社会全体の問題は、不妊治療が珍しくなくなったにもかかわらず、その理解がされていないことです。

不妊治療は大変、と聞いたことがある人は少なくないと思いますし、不妊治療をしたことがある人の多くは「本当に大変だった」とおっしゃいます。

でも、実際に不妊治療を経験したことがない人には、実際どの程度どのように大変なのか、

〖全出生児に占める生殖補助医療による出生児の割合〗

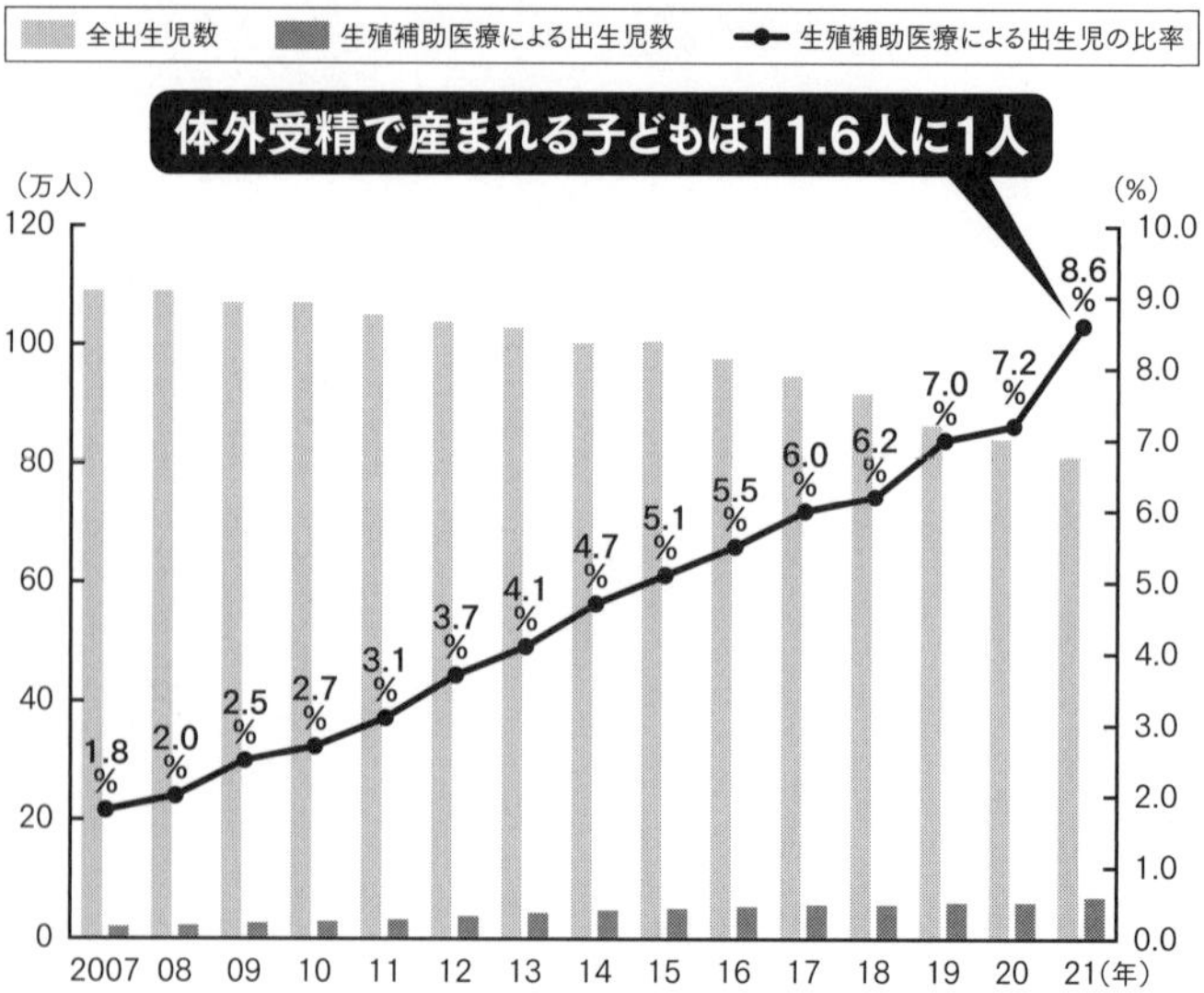

※厚生労働省「不妊治療と仕事との両立サポートハンドブック」より作成

なかなかイメージしづらいと思います。

「出産が大変」「育児が大変」というのは、まだなんとなく想像できるかな、と思う一方で、不妊治療は具体的になにをするのか、というところから、想像の範囲外かもしれません。

「不妊のこととか聞きにくいな……」と、腫れものに触る感じになってしまうと、「なんであの人だけあんなに休んで」とか「周りに迷惑かけてまで子どもがほしいの？」という軋轢につながったり、そう思われることを懸念して仕事を辞めてしまうことになりかねません。

不妊治療による退職の経済的損失は1345億円と言われていますが、これはおそらく氷山の一角。理由を明かさずに退職するケースも少なくないと思われます。

ですが、妊娠を望むカップルのうち、5・5組に1組が不妊治療を受けており、**2021年に出生した赤ちゃんのうち11・6人に1人が体外受精で産まれています。**

不妊治療を受けることは決して珍しいことではなくなっているにもかかわらず、組織としてどう向き合えばよいのか理解は進んでいない。本当の意味で理解が広まり仕事との両立をできるようになる上で、なにがどう大変なのかが「共通認識」となることは重要です。「分かってもらえない」と思うと、相談することすらあきらめてしまいます。

不妊治療の大変さは、

①物理的負担
②経済的負担
③精神的負担

に大きく分かれます。では、この3つの大変さについて、詳しくお伝えします。

懸念その① 「物理的負担」について

不妊治療と仕事の両立の上で一番ネックとなるのが、「通院」の負担です。治療法にもよりますが、一般的に、1カ月に複数回の受診が必要です。タイミング法や人工授精の場合は1カ月に1〜3回の通院が平均的です。体外受精の場合は1カ月に平均4〜6回の通院が必要となります。これでも、自己注射の普及により以前よりは通院頻度が少なくなりました。

診察内容によって診察の所用時間はまちまちですが、病院によっては待ち時間もありますし、アクセスによっては、通院だけで半日がかりとなることも珍しくありません。さらに、卵胞の育ち具合や子宮内膜の状態によって、急に受診が必要になることもあります。だいたいの受診スケジュールの目安はあっても、「じゃあ次は明後日受診してください」のように、具体的な受診日程は直前にならないと分かりません。

そうすると、**シフト制の仕事だと難しかったり、打ち合わせの予定を入れづらかったり、ちょくちょく休みをとらないといけないだけでなく、仕事の予定を立てづらい**、という意味でも仕事との両立が難しいのです。

また、通院の大変さだけではなく、治療自体の身体的負担もあります。ホルモン剤により吐き気や頭痛、腹痛などの副作用が出る方もいらっしゃいます。副作用の有無には個人差があるのでみんながつらい、というわけではないのですが、身体的につらい、と感じる人もいます。

身体がつらい中、仕事にも影響がでて、ちょくちょく仕事を休まなければならないことが自分にとってもストレスになり、不妊治療のために仕事を辞める人がいることも理解していただけるかと思います（辞めざるを得ないのはしょうがない、という意味ではないです）。

懸念その②「経済的負担」について

「不妊治療にはお金がかかる」

これも聞いたことがある方は多いかと思います。

2022年4月に不妊治療が保険適用化されて、保険診療の対象となる場合はだいぶ負担が減りました。タイミング法1つとっても、排卵誘発剤を使用するかしないか、卵胞チェックを何回行うかなどにより、かかる費用は異なってきますので、ここでご紹介する費用はあくまで平均です。

①タイミング法は保険適用で、1周期あたり約6000円

「1周期あたり」というのは、1回の月経周期あたり、という意味です。

②人工授精は保険適用で、1周期あたり約16000円

人工授精は、以前は自費で1周期あたり約5万円でしたが保険適用となりました。

③体外受精は採卵～胚移植までで自費で約70万円、保険適用で約20万円

ただし、体外受精の保険適用は年齢と回数に制限があります。1子ごとに「女性が40歳未満であれば6回まで」「40歳以上43歳未満は3回まで」つまり、43歳以上が体外受精を行う場合は、いまも自費です。なお、保険診療の場合は、高額療養費制度も設けられているので、年収によって自己負担額に上限があります。

43歳未満であれば、以前に比べると費用の自己負担は軽くなりましたが、それでも**安い金額ではありません。それを無料にするべき、という意味ではなく、医療にある程度の費用がかかるのは当然ではあるのですが、お金がかかるのであれば仕事を続けたいはず。**

それでも仕事を辞める、という選択をするのは、治療と仕事との両立に相当ハードルがあ

るということです。

懸念その③「精神的負担」について

「また今回も妊娠しなかった……」

不妊治療をしている方、通院せずに妊活をしている方……。どのような妊活を行っている方であっても、なかなか妊娠しないというのはメンタル的につらいものがあります。

「妊娠したい！」と思って排卵日に合わせて性交渉をしても、必ず妊娠できるわけではありません。チャンスはほぼ月に1回。排卵日あたりでタイミングをとってから、妊娠しているかどうか分かるまで約2週間かかります。ドキドキしながら2週間待って、生理がきた時の落胆といったらありません。

しかも、すぐに再挑戦できるわけではなく、次にトライできるのはまた2週間後。そこで、**「そもそも妊娠なんてそんなにすぐにできるもんじゃないし、時間がかかって当たり前」**くらいに思って気持ちを切り替えることができればよいのですが、みなさんがそう気持ちを切り替えられるわけではありません。

さらに、年齢が40歳以上となると残された時間も限られてくるので、焦りも生じてきます。ちょっと気が滅入っても「仕事中は気持ちを切り替えよう」とうまくメンタルバランスをとることができる方もいれば、「気持ち的につらくて仕事にも集中できない、妊娠するまでは不妊治療に専念したい」と思って、仕事をお辞めになる方もおられます。

押さえておきたい ポイント

- **不妊治療が珍しくない世の中で、理解だけが進んでいない**
- **不妊治療を行っている人の多くが、通院や身体の痛みなどの「物理的負担」、費用がかかる「経済的負担」、なかなかできない場合の「精神的負担」を抱えている**

Question

不妊治療について会社と女性側で考えるべきこととは？

企業側は、子どもが欲しい社員が妊活や不妊治療をためらわなくてよい環境づくりを目指しましょう。働く女性は「不妊治療があるから妊活は遅くてもいい」という前提で考えないことです。

不妊治療がいかに大変か、これまでまったく不妊治療にかかわりのなかった方でも多少なりともお分かりいただけたかと思います。しかし、ただ「大変だから配慮しないといけない」と言いたいわけではありません。働く女性も不妊治療を前提で考えないでほしいのです。

中には、「そんなに大変なのに、そこまでして子どもがほしいの？」と思われる方もいるかもしれません。どこまでお子さんを望むかはカップルごとに異なります。

「自分たちで妊活してみて妊娠しなければまぁしょうがない」というカップルもいれば、人工授精まではトライしてみるけど体外受精まではしなくていい、というカップルもいますし、できることはなんでも試したいというケースもあります。

これらは、どれが正解というわけではありません。

ただ、子どもを望む／望まない権利は基本的人権であるセクシュアル・リプロダクティブ・ヘルス／ライツ（SRHR）のうちの1つです。そして「自然に妊娠しない場合に補助する医療技術がある」というのであれば、お子さんを望んでいるけれどもなかなか妊娠しない人が不妊治療を受ける権利というのは当然あります。

立ちはだかる「年齢の壁」

最近、不妊治療の認知が広まってきて、意外と多くの人が不妊治療を受けていることも知られるようになりました。あたかも、不妊治療を受けるのが当たり前のように感じる方もい

〖女性の年齢による妊娠しやすさの推移〗

※縦軸は妊孕率（妊娠しやすさ）。20～24歳を100％とした

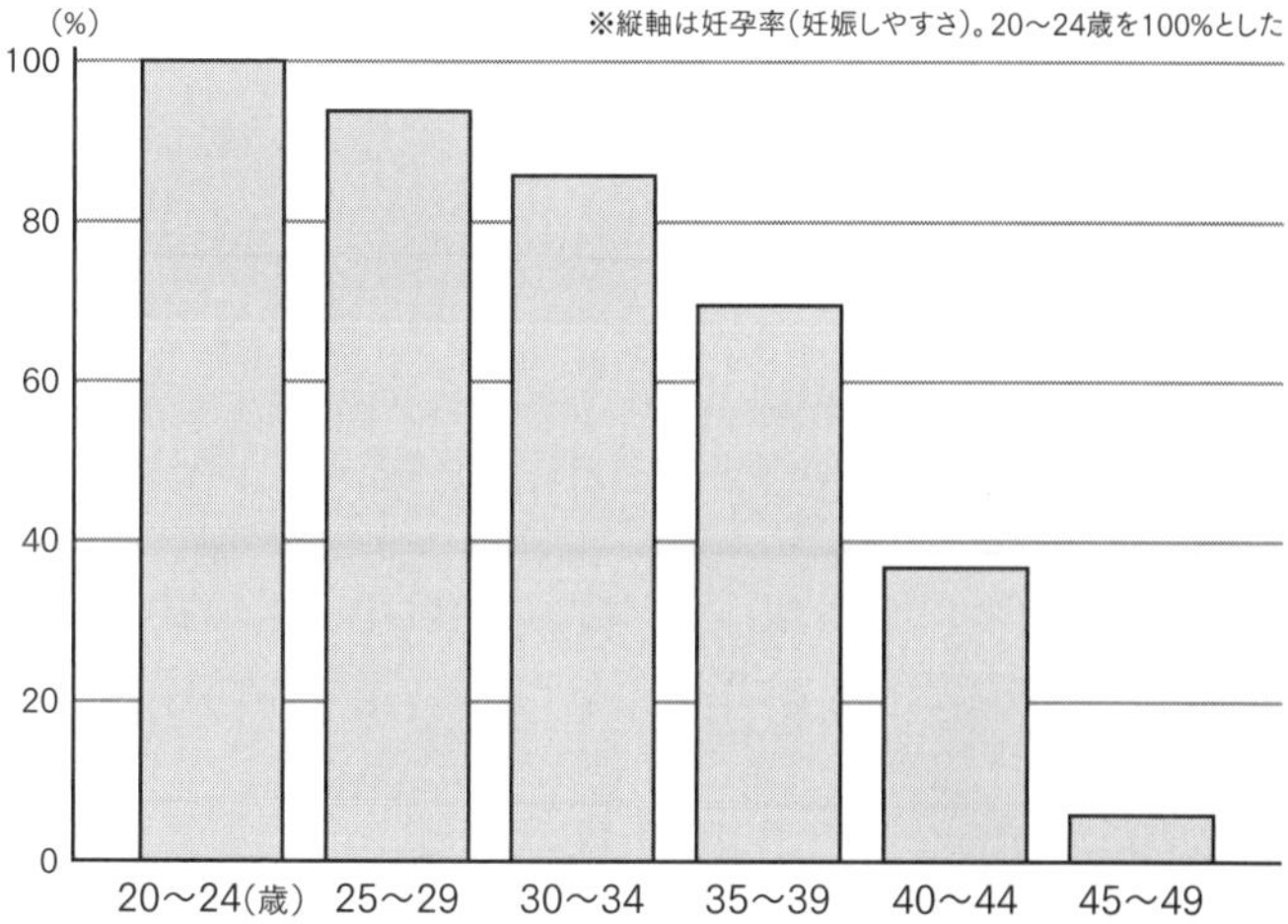

※日本生殖医学会ホームページ
（Henry, L.〈1961〉. Some data on natural fertility. Eugenics Quarterly, 8（2）, 81-91.1）を基に作成

るかもしれませんが、決して「不妊治療ありき」ではありません。

これだけ負担のある不妊治療、だれも受けたくて受けているわけではありません。不妊治療をしなくてすむに越したことはないのです。不妊の原因にはいろいろありますが、1つ、女性の年齢は大きく影響します。

たとえば、妊活を続けて1年以内に妊娠する確率は、20代前半は約１００％といわれていますが、30代後半となると60％台まで下がります。40代で妊活を始められた方が「こんなに妊娠しにくくなるとは思わなかった」とおっしゃっていたのが忘れられません。

年齢だけは巻き戻すことができないのです。まだパートナーが見つからない、などの場

合はもちろん致し方ないですが、すでにパートナーがおり、お互い子どもを望んでいるのであれば「先延ばしせずにすむ妊活は先延ばししないに越したことはない」ということをいつもお伝えしています。40代になってから妊活を始めて、不妊治療が必要になった方が、30代のうちに妊活を始めていたら、不妊治療せずに妊娠できた可能性があるのです。

もちろん中には、卵管が詰まっているなどの理由で年齢に関係なく不妊治療が必要な方もおられます。ただ、同じ不妊治療でも、年齢が若いほど成功率が高いのは紛れもない事実。

ですので「不妊治療と仕事をいかに両立していくか」というのももちろん重要な課題なのですが、**「しなくてすむ不妊治療はなるべく回避する」**ということも大事な観点です。

「妊活したい人はすればいいじゃないか」と思われるかもしれませんが、思っている以上にみなさん妊活のタイミングを見計らっているのです。

「職場の女性がみんな同年代で、産休の時期がかぶったらいけない」

「いま自分が産休で抜けたらチームが大変だから妊活はもうちょっと先かな」

と、人知れず遠慮していることがあります。

妊娠する権利はだれにでもある！　周りのことはまったくお構いなしに妊娠していいので

す！ と極端なことを言うわけではありませんし、職場に対する配慮も多少の期間であれば大勢に影響はないこともあります。

ですが、そのままずるずると先延ばしにしてしまうと、気づいたら30代後半で、もっと前に結婚していたのだから、はやくに妊活始めていれば……ということになりかねません。

仕事への責任感も大事ですが、自分が思っている以上に仕事の替えはききます。「自分にしかできないこと」「自分が抜けたら大変」と思っていることでも、相談すると意外となんとかなることがほとんどです。

1人で考えているとどうにもならないようなことでも、相談してみると意外と解決策がでてきたりします。そのためにも、業績やキャリア評価への影響を懸念することなく相談することができる心理的安全性が確保されていることが重要です。

抱え込むよりまずは相談！

「妊娠を考えているとか相談したら、重要なプロジェクトをはずされてしまうかも……」

「せっかくここまでキャリアを積み重ねてきたのに、産休でマイナス評価されてしまったらどうしよう……」

という不安がよぎると、相談することすら躊躇してしまいます。すると、妊活が先延ばしとなってしまい、せずにすんだかもしれない不妊治療がのちのち必要となってしまうことになるかもしれないのです。

仕事の替えはきいても、子どもをもつために自分が妊娠をすることは自分にしかできないことです。

年齢だけは巻き戻すことができません。のちのち後悔しないように、なるべく妊活したいタイミングで妊活できるように、不妊治療するにしてもなるべく早く始めることができるように、職場とのコミュニケーションがとれることが理想です。

これは妊活や不妊治療に限らず、「生理痛や更年期症状などの不調」「がんなどの病気」「子どもの病気」「親の介護」などのライフイベントはだれにでも起こりうることです。

もし、なにか仕事に影響する可能性があるような事情でも、

「相談することでマイナス評価されることはない」

「相談してくれたら、そこから現実的に可能な対応策を一緒に考えよう」

という、まずはなんでも相談して、という心理的安全性を担保しておくことが、**優秀な人材が本質的でない事情で退職してしまうのを防ぐことにもつながり、さまざまな事情を抱えた人が活躍できる組織のダイバーシティにもつながる**のです。

押さえておきたいポイント

- **大前提は「不妊治療はしないに越したことはない」**
- **同じ不妊治療でも若いほど成功率は上がるという事実は忘れないようにしよう**

Question

話題の「卵子凍結」があれば いつでも産めるんじゃないの？

選択肢が増えたことは事実です。確かに若い卵子での不妊治療は、妊娠する確率が上がります。ただし「いつでも子どもが産める」魔法の道具ではありません。

卵子凍結、最近よく聞きますよね。

卵子凍結というのは「女性から卵子を採取し、凍結保存して将来妊娠を望んだ時にその卵子を用いて体外受精する」という方法です。東京都が２０２３年に自治体としてはじめて、

18〜39歳の女性を対象に費用補助を始めて話題となりました。妊娠を先延ばしにできるなら働く女性にとって朗報なのでは？ 東京都が助成しているならよいのでは？ そう思われる方もいるかと思います。

結論から言います。「いつでも産みたいときに産めるようにしてくれる魔法の方法」ではありません。

まず、卵子凍結しておけばのちのち必ず妊娠できるわけではありません。たしかに不妊の原因の1つは女性の年齢因子です。ですので、40歳の時にその歳の卵子で不妊治療をするよりも、30歳の時に卵子凍結した卵子を用いて不妊治療をする方が、妊娠率は高いです。だからといって必ず妊娠できるとは限らないですし、凍結しておいた卵子を使うことなく自然妊娠することもあります。**不妊の原因は女性の年齢だけではありません。先延ばしにしないでよい妊活は先延ばしにしない、これに尽きます。**

ただ、たとえば、

「いつか子どもがほしいけれどまだパートナーがいない」

卵子凍結のメリット・デメリット

メリット

◉ **卵子凍結した年齢での卵子の質を維持できる**

◉ **ライフプランの選択肢が広がる**

40歳で妊娠を考える場合、30歳の時に凍結した卵子を用いる方が、40歳のその時の卵子で妊活するよりも、妊娠率など高くなる可能性がある。

デメリット

◉ **必ず妊娠できるわけではない**

◉ **採卵に伴う合併症や副作用のリスク（卵巣過剰刺激症候群など）**

◉ **費用と効果が見合わない可能性がある**

卵子凍結しておけばいつでも妊娠できる、というものではない。逆に、卵子凍結していても、自然妊娠で子どもを授かる、ということもある。

「アスリートの方などで、活躍できる期間が限られていて妊活は引退してからがよい」などの場合には卵子凍結はよい選択肢になりうると思います。

ですが、卵子凍結により、妊娠出産による女性のキャリアの分断を解消できるかというと、いつかどこかで妊娠出産が必要という点では同じなので、根本的な解決にはなりません。

卵子凍結により、先延ばしにしないでよい妊活まで先延ばしにさせるのではなく、逆に、妊娠出産がキャリアを妨害しない組織になることがなにより重要です。

妊娠を遅らせる免罪符にしない！

卵子凍結の費用補助を福利厚生で提供する企業さんもありますが、いまはまだパートナーが見つかっていない、という人が活用するのはよいですが、「卵子凍結の費用を補助するから若いうちは仕事がんばって！」というメッセージにはならないでほしいと願います。万が一、あえて妊娠を遅らせてでも働いて、という意図での助成だったとしたら、それはおそろしいことです。

いつどんなタイミングでの妊娠出産でも、キャリアにネガティブに影響することのない組織、社会となることを、産婦人科医としても、妊娠出産育児もキャリアもあきらめない、いち女性としても、心より願います。
ちなみに、いまはパートナーがいないけれどもいつかお子さんを望んでいる、という方は、理想は34歳までに卵子凍結をしておくのが望ましいです。

押さえておきたい
ポイント

- 同じ年齢での不妊治療でも若いころに凍結した卵子を使用するほうが、妊娠率が上がるのは事実
- 「いつか」が延びるだけで、キャリア解決にはならない
- 卵子凍結を社員の妊娠を遅らせる道具に決してしない！

第5章

女性も、男性も、みんなが「働きやすい!」をつくる

～あなたが変われば「環境」「社会」は変えられる

Question

「女性だけが大変！」という風潮は本当に正しいの？

多様性を尊重する時代にもかかわらず、「男や女はこうあるべき」というバイアスが根強く存在します。女性の働き方改革を行うことで、誰もが活躍できるきっかけになるのではないでしょうか。

いろんな考えの方がおられると思いますが、ここまで女性ならではの健康課題についてお伝えしてきました。ではここで、

「あなたが女性なら？」

「あなたが男性なら？」

と一度想像してみてください。

もし自分が女性だったら、

- 毎月必ず数日体調が悪くなる
- 出産のために仕事を一時的に休まないといけない
- （パートナーが送迎をしない場合）自分が毎日はやく帰ってお迎えに行かないといけない
- （パートナーが家事をしない場合）毎日、料理洗濯掃除を1人でやらないといけない

など、女性はこれだけ大変、と聞かされるだけよりも「もし自分が女性だったら」と考えると、これまで見えなかった景色が見えてくるかもしれません。

「だったら大変だし、やっぱり専業主婦がいいんじゃない？」と思う方もいるかもしれません。もちろん、専業主婦や専業主夫も選択肢の1つです（ただし、専業主婦や専業主夫が楽だと思ったら大間違いです）。ただ、仕事をしたい女性もたくさんいますし、収入面から共働きでないと現実的に生活が厳しい、という事情もあります。

なにより「男性だけの組織」というのは多様性に欠けすぎていて、これだけ多様な社会の中で、逆に脆弱《ぜいじゃく》となりかねません。つまり「結婚する、しない」にかかわらず女性が働くことはまったく特別なことではない時代です。

逆に、もし自分が男性だったら、

◉育児もやりたいけど、毎日仕事が遅いのに夜の授乳や夜泣きとか、体力的に大変
◉育休をとりたいけど、評価が下がらないか心配
◉お迎えのために定時で帰ると、周りの目が気になる
◉家庭を大事にしたいけど、家庭を顧みないで働いている人と実績に差ができそうで不安

男性には男性なりの生きづらさがあるのが見えてくるかもしれません。女性だけでなく、男性も「働きづらさ」を感じている人はいると思います。

その背景には「男性はがむしゃらに仕事をして、家庭は女性に任せる」という、ひと世代上の感覚と、男性も家事育児にコミットする（手伝う、ではない）いまの感覚との過渡期にあり、**異なる価値観の世代が現役世代の中に混在していることが影響していると考えられま**

す。

女性が働きやすくなると、その分、男性が働きづらくなるということではありません。むしろ、女性が働きやすい組織は、男性にとっても働きやすい組織となります。

女性の役員が「珍しい」から脱却しよう

女性役員30％、達成できますか？

- 不妊治療・妊娠・出産関連による女性の離職が20％
- 特有の健康課題（PMS、生理痛、更年期、子宮頸がんや乳がんなど）による離職が約17％
- 更年期症状による昇進への影響が32％

これにより、新入社員の女性が、管理職候補にまで残るのは約30％と試算されています。さらにいまは、性別関係なく転職は当たり前で、よりよい環境へ転職されてしまいます。

女性の働きづらさを放置する組織↓女性が離れる↓さらに男性ばかりになる↓同質的な組織となり、社会の変化に対応できなくなる……というリスクが想定されます。政府は東証プライム上場企業の女性役員の比率を２０３０年までに30％以上にする目標を掲げています。

ちなみに、２０２２年７月末時点で女性役員30％以上を達成しているのは２・２％。逆に、その点において付加価値になり得るほど稀少です。

一方で、２０２２年７月時点で女性役員を１人以上選任している上場企業は81・３％。残りの約２割の企業は男性役員のみ、ということになります。日本国内では、この点が企業の評価に影響する、という風潮がまだありません。なにごとも数値目標を立てることは確かに大事ですが、がんばれば達成できる、という類のものではありません。


いまの日本企業で、管理職候補まで残る女性社員の割合が約30％、男性が健康上の理由で離職する割合が約９％なので、ざっくりと、管理職候補まで残る男女の比率は９：３。ということは、３／12で25％は女性の役員がいてもよいはずですが、そうなっていない。さらに、女性役員比率30％だけをもし達成したとしても、管理職候補まで残る女性自体が少ないというのは不健全です。

そもそも離職や昇進辞退を回避するための取り組みが必要ではあるものの、管理職候補まで残る男女比が役員における男女比と乖離がある、という理由も考える必要があります。

日本では、性の多様性への理解は広まっている一方で「家事育児は女性」というようなジェンダーバイアスは根深く残っています。

女性の活躍推進、男性育休推進といっても、無意識のバイアスが残ったままでは、双方への要求が増えるだけとなってしまいます。

押さえておきたいポイント

- 「もし自分が逆の立場なら」と考えることで、さまざまな課題が見えやすくなる
- 世代間による意識のズレが働きにくさにつながる
- 無意識のバイアスがあると現代の働き方は叶わない

Question

働きやすさについて海外から学ぶべきところは?

アメリカでは、働ける時間よりも生産性を重視します。これは、妊娠しているから管理職を見送るなどということではないのです。日本も「女は仕事を離れる」という価値観を、刷新する必要があります。

世界経済フォーラム（ＷＥＦ）による「Global Gender Gap Report」（世界男女格差報告書）によると、２０２３年の日本のジェンダーギャップ指数は１４６カ国中１２５位。男女格差の現状を各国のデータをもとに評価しているもので、１２５位というのは、２０

【ジェンダーギャップ指数】

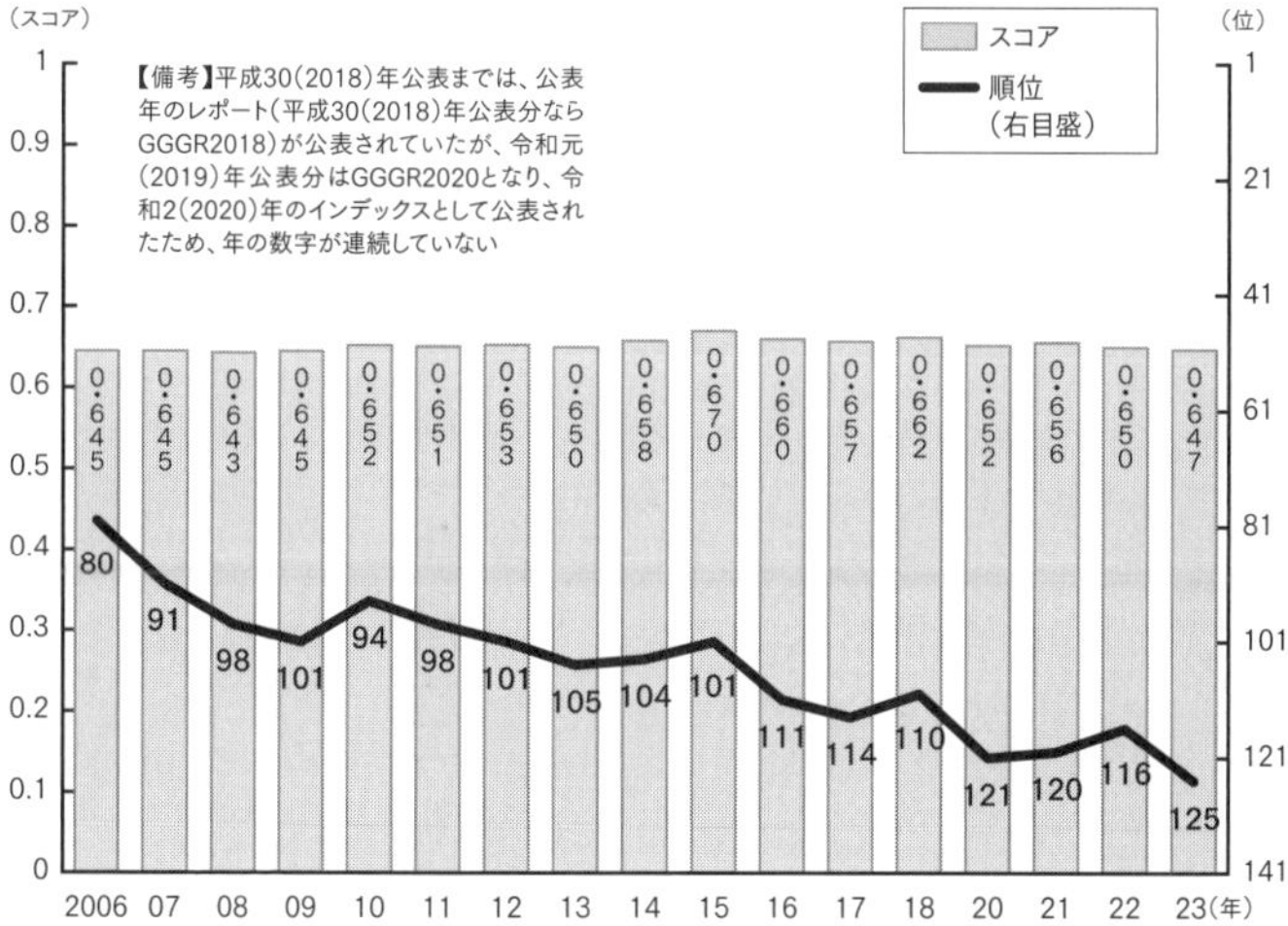

※内閣府男女共同参画局「日本のジェンダー・ギャップ指数の推移」より一部改変・作成

０６年の公表開始以来最低でした。

日本だけを見ると、共働き世帯は増加傾向です。家事育児負担が女性によりすぎなど変わっていない部分もあれども、ジェンダーギャップが悪化している実感はないと思います。

日本の順位が下がってきているのは、日本のジェンダーギャップが悪化しているという意味ではありません。第１回の２００６年は０・６４５で、１１５カ国中80位。実はその後もスコアはほぼ横ばいで、スコア自体が下がっているわけではないのですが、順位が下落傾向。つまり**日本が変わらない間に、他国は格差解消の取り組みを進めてきたということ。**

もちろん、このスコア自体が、社会全体を

反映している評価基準ではありません。だからといって、日本はこれでいいのだ、と開き直ってよいわけではない。

あくまでこの限られた項目での評価なので、このレポートで順位の高い国も、それぞれの課題がありますが、日本との決定的な違いが非常によく分かるエピソードがあります。

海外では「生産性」が評価の対象

米国で医師として活躍している友人の内田舞さんが、著書『ソーシャルジャスティス』にて書かれている内容を紹介します。

センター長への抜擢の声がかかった時期に、妊娠中だった彼女は「産休が仕事へ支障をきたすのではないか」と、3カ月後に産休に入る旨を伝えたそうです。

すると、70代の男性の上司2人が口をそろえて「では、センター長任命の手続きを早く進めなきゃね」と予想外の返事が返ってきたというのです。職場にいられる「時間」ではなく、「生産性」を評価してもらえていることを実感した、と彼女は言います。

この状況を日本に置き換えると、職場で妊娠を報告すると「仕事をどうセーブするか」という話になりがちです。日本の大企業の管理職として活躍している女性が「妊娠中に上司がよかれと思って、仕事をセーブしようとしてくれたのがとても困った。本当はもう少しできることもあるのに」と話していたエピソードが忘れられません。

みんながみんなセーブしないといけないわけではないのです。たとえば、ニュージーランドのアーダーン元首相が任期中に産休を取ったことも記憶に新しいです。

日本では、「女性は出産や育児で仕事を離れる」と思われがちです。しかし、**物理的に職場にいられる時間と生産性とは比例するものではない、という価値観の刷新が必要です。**

そのためには、勤務時間をフレキシブルにする、テレワークを柔軟に活用できるようにする、などの制度面の変化も必要となります。

押さえておきたいポイント

- **仕事の「生産性」で評価する**
- **「仕事をセーブする」という前提が問題の1つ**
- **価値観とともに勤務時間や体系など制度面の整備も必要**

Question

なぜ日本は他国と比べて働きにくい環境が多いの？

海外に比べて「家庭内のジェンダーギャップ」と「女性のキャリアの分断」が影響しています。解決策の1つは、意思決定の場に女性が増えることです。そのためにも女性管理職30％を叶えるべきです。

実は日本は、産休・育休制度は他国に負けないくらい整っています。にもかかわらず、なぜ他国に比べて、出産を機に仕事を辞めたりセーブする女性が多いのでしょうか。

1つは「家庭内のジェンダーギャップ」、もう1つは「産後のキャリア」、この2つが大き

『乳幼児のいる家庭の家事・育児関連時間の男女比の国際比較』

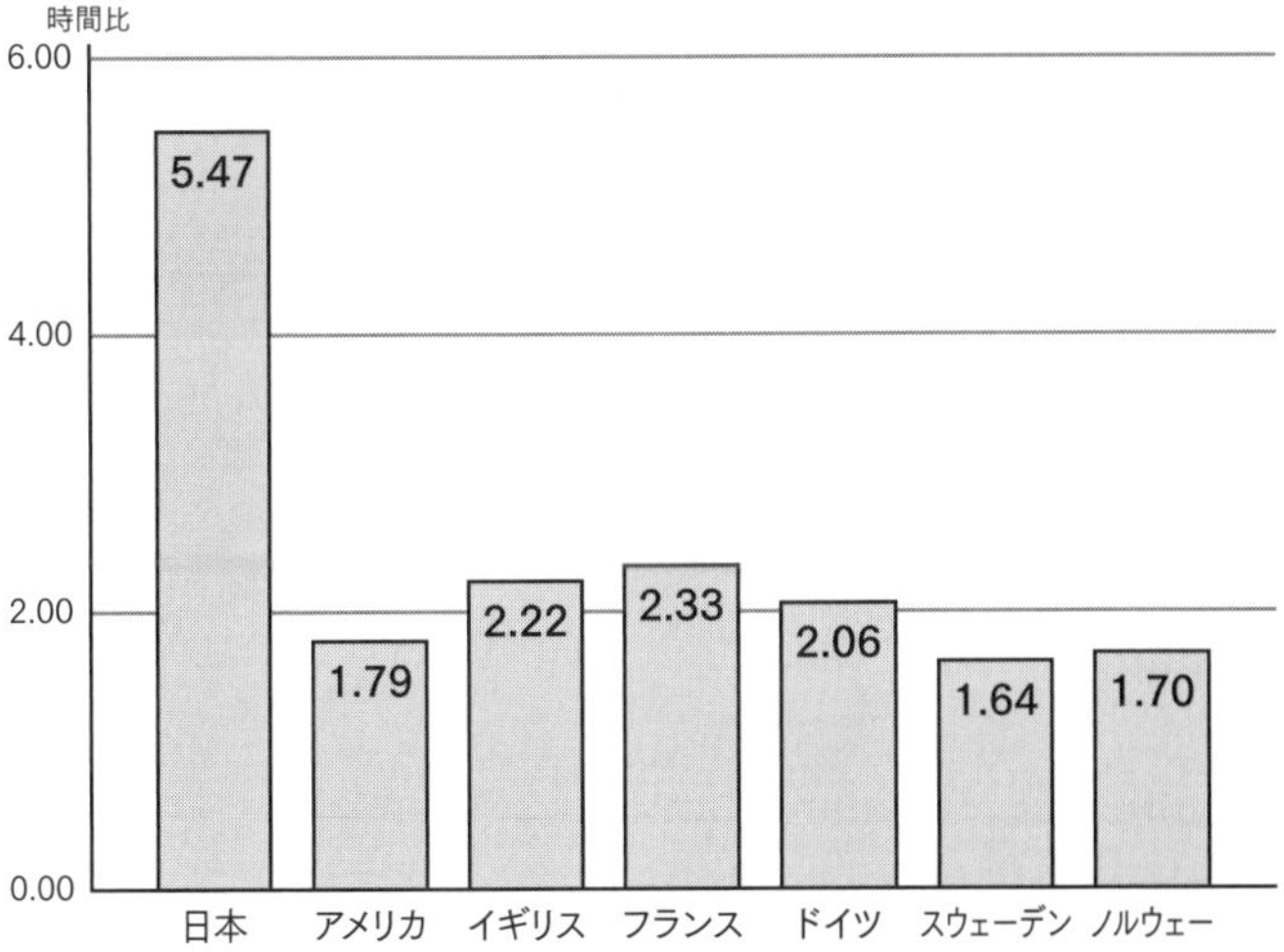

※男女共同参画白書（概要版）平成30年版より作成

く影響しているのではないかと思います。

①ジェンダーギャップ

1つ目の、家庭内のジェンダーギャップは深刻です。乳幼児がいる家庭の家事・育児関連時間の男女比をみると、各国ともどうしても女性の方が多くはなっているのですが、他国が2倍前後であるのに対して、日本は5倍以上！

ここで短絡的に「日本の男性はけしからん！」と責めるのはちょっと待ちたいと思います。なぜなら、1日あたりの有償労働時間が最も長いのは日本の男性の7時間32分で、OECDの平均値、5時間17分と比較しても2時間以上長いのです。

日本の男性は、労働時間が長すぎる結果、家事育児をできる時間が少なくなってしまっている、という可能性もあります。もちろん、時間があるのにやらない男性も見かけます。

つまり、男性が働きすぎる→男性が家事育児しない→女性が家事育児のほとんどを担う→女性が仕事をセーブせざるをえない→男性が働くしかないという負のスパイラルです。

働きすぎて疲れている男性、日本にたくさんいると思います。**この負のスパイラルが断ち切られ、女性が働きやすい社会となると、男性にとっても働きやすい社会となるはずです。**

②産後のキャリア

2つ目の、「産後のキャリア」ですが、たとえばオーストラリアでは、産休後に女性が職場復帰する場合、産休前と同じポジションに復帰する権利が法律によって認められています。「これまでのキャリアが途絶えてしまうのではないか」「出産によって評価が下がるのではないか」という不安が生じないのは、産みたい人が産めるようになるために重要です。

また、ドイツでは基本的に残業がなく、夜遅くまでの残業は評価が下がるそうです。上司は夜遅くまで残業している部下に対して「仕事量が多いのか」「経験や能力が不足しているのか」という観点で対策をとるようで、女性は長時間働けないから男性よりも昇進できない、

女性の脱少数派が社会を変える！

という問題は発生しません。その影響もあってか、２０１６年の女性管理職の割合は、日本は12・9％、ドイツは29・３％と大きく差があります。

日本では、（お迎えなどのために）定時で帰る人、時短の人を「残業ができない人」とマイナス評価される傾向にありますが、実は、物理的に残業ができないと、なんとか時間内に業務をこなそうとするので、仕事の効率は上がります。職場にいる「時間」ではなく、「生産性」で評価されることが根づくと、育児関係なく、性別関係なく、仕事に忙殺されることなく、プライベートとのバランスがとりやすくなります。

女性議員の割合も、女性閣僚も（首相はゼ

ロ）、女性管理職の割合も日本は非常に低い、ということ自体が、女性が働きにくい組織・社会から脱却できない原因でもあります。

女性管理職30％超えで環境は変わる！

日本は女性管理職30％を目標としていますが、これは、「マイノリティ（少数派）の層が、全体の30％を超えると意思決定に影響力を持つ」という経営学者であるロザベス・モス・カンターが提唱した「黄金の3割」という理論に基づいているのではないかと思われます。

意思決定の場のほとんどが男性だと、どうしても女性が働きづらい環境になるのも無理はありません。

ほとんど男性であるにもかかわらず、女性社員のヘルスケアについて問題意識を持ってくださっている企業さんもあることは、非常にすばらしいことです。しかし、どこの組織もそうできるかというと難しいのが現実。

残念ながら、女性と男性は身体的にも、家庭での役割も、平等ではありません（授乳以外はほとんど平等のはずですが）。ですので、女性の意見も本来は反映されるべきなのです。

日本では、女性も「出産や育児＝仕事を離れる、セーブする」と思いがちですが（いまの社会がそう感じさせています）、その限りではないのです。

どこまでならできるのか、妊娠出産がなるべくキャリアに影響しないようにできることはなにかを、組織も一緒に考えてくれる。そういうマインドの共有が、女性のエンパワメント（自信）につながりますし、ジェンダーギャップの解消につながるのではないかと思います。

押さえておきたい ポイント

- **家庭内のジェンダーギャップが日本は5倍以上**
- **男性の働きすぎと産後のキャリアの弱さによる負のスパイラル**
- **女性役員30％は意思決定の場で女性が発言力を持つカギ**

Question

「だれもが働きやすい」に対しまずできることは？

「知る」機会を提供することです。女性自身が不調についてきちんと知らないこと、男性がなかなか理解できない状況……どちらも知る機会を設けなかった社会の責任が大きいのではないでしょうか。

頑張るだけでどうにかなるものではない、女性「も」働きやすい組織のつくり方をおさらいしてみます。次ページにこれまでのまとめを表にしました。復習のためにも一緒におさらいしましょう。

- 女性が働きづらいのは
女性のせいではない
- 女性の給料が低いのは
女性の能力が低いからではない
- 月経関連症状に伴う労働損失は
約5000億円、更年期症状に伴う
労働損失は約4200億円。
ただし不調はあくまでホルモンのしわざ
- 「セルフケア」では解決できない
- 「休む」だけが解決策ではない
- 適切な治療で不調は軽減できる
- 「休みやすい制度」も大事重要だが
「休まなくてもよい体調」こそ、
本人と組織にとってwin-win
- 妊活はなるべく先延ばしにしない。
不妊治療が必要となっても、
相談と工夫により仕事との両立は可能
- 妊娠中や育児中も全員が仕事を
制限しないといけないわけではない
- 不安や疑問について、気軽に相談
できるかかりつけの産婦人科を持つ

いかがでしょうか。働く女性の方々が自身の身体や悩みをきちんと理解し、専門医に相談する意識を持つことで環境を変える第一歩となるのです。

理解を提供する社会づくりが必要

では、女性自身が正しい知識とかかりつけの産婦人科をもてば、組織はなにもしなくてよいのでしょうか。

そんなことはありません。

適切な治療をしても、残念ながら症状がゼロにならないこともあります。そもそも、女性自身がここまでお伝えしてきたことを、まだちゃんと知る機会がありません。それは、女性が悪いわけではなく、日本の教育と社会の問題です。

男性が知らないのも、男性自身が悪いわけではなく、日本の教育と社会において「知る機会」がないのが問題なのです。

日本医療政策機構の調査によると、ヘルスリテラシーの高い人の方が、ヘルスリテラシーが低い人に比べて、ＰＭＳや月経随伴症状や更年期症状があるときの仕事のパフォーマンスが高いということが分かっています。

【ヘルスリテラシー高低群×更年期症状や更年期障害時の仕事のパフォーマンス（n=318）】

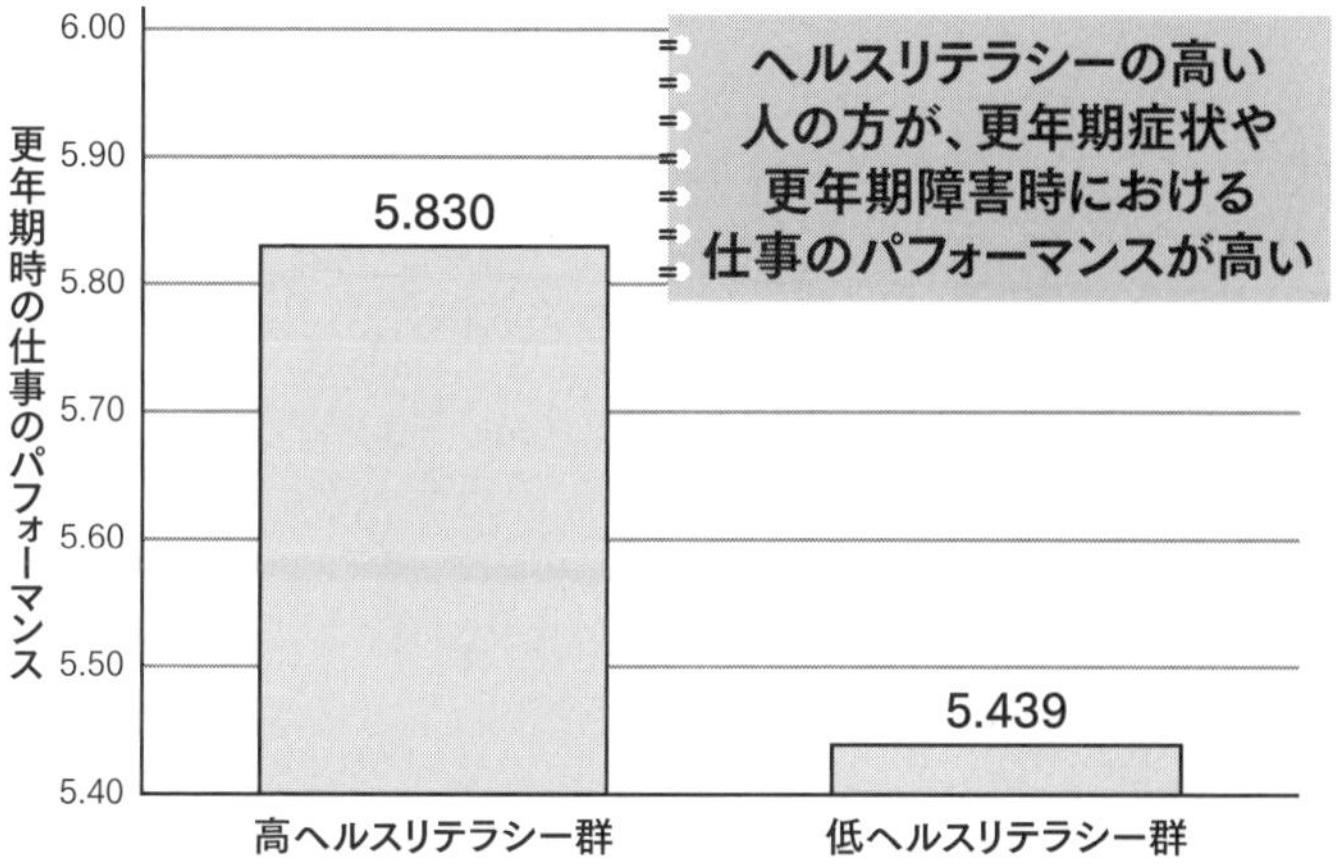

①高ヘルスリテラシー群の方が、低ヘルスリテラシー群と比較し、更年期症状や更年期障害時（※）のプレゼンティーズムが有意に低かった。
（$p < 0.05$、共分散分析による結果）
※更年期（閉経前後の5年間）に現れる、顔がほてる、汗をかきやすい等のさまざまな症状の中で他の病気に伴わないものを更年期症状、その中でも症状が重く日常生活に支障を来すものを更年期障害とした
②ヘルスリテラシーの測定は「性成熟期女性のヘルスリテラシー尺度」（河田ら、2014）を使用した。尺度合計得点の中央値をカットオフ値とし、高群/低群と分類した。また、年齢、学歴、子供の数、基礎疾患の有無を調整変数として投入した。
③元気な状態のときの仕事の出来を10点とし、更年期症状や更年期障害時の仕事の出来を0点～10点で表した。

※日本医療政策機構「働く女性の健康増進に関する調査」（2018）より作成

「ちゃんと知る」ことの効果をお分かりいただけましたでしょうか。

組織としてできることの1つが、その「知る機会」の提供です。

本書の内容が女性だけでなく、性別関係なく組織内全体の共通認識となることで、**女性自身は、不調の改善方法を知ることができ、男性は、女性の事情を知ることで理解につながります。**

それが意識改革につな

がり、制度の改革だけでなく、本当の意味での「働きやすさ」につながっていくのではないでしょうか。

単に「意識改革」というと、どうすればいいのかがあいまいで、個々の問題では……と問題から目を背けてしまうことになりかねません。

しかし、意識改革は純粋に個々の考え方の問題ではありません。ちゃんと知る、正しいインプットにより、考え方は変わります。

つまり、意識改革には正しいインプットが不可欠なのです。

押さえておきたい
ポイント

- 各症状をきちんと知っている人の方が、不調の際における仕事のパフォーマンスが高い
- 社員全員が理解するための機会を提供することで、組織の意識改革につながる

Question

国が推す「フェムテック」は働きやすさの糸口になるの？

多少の快適さは実現できるかもしれませんが、根本的な解決にはなりません。何度も申し上げている理解と制度を整えることが大前提。フェムテックはあくまで「おまけ」として考えておきましょう。

前の項で正しいインプットの重要性が分かったところで、近年話題の「フェムテック」についてみなさんと知識の共有ができればと思います。

女性版骨太の方針2023年度版に「フェムテックの利活用」が明記されています。

みなさんは「フェムテック」、ご存じでしょうか？

Female（女性）とTechnology（テクノロジー）をかけあわせた造語で、女性特有の健康課題をテクノロジーの力で解決するための製品やサービスのことです。

実際にどんなものがあるかというと、吸水ショーツや自動搾乳機など、さまざまな用途のものが開発されています。

では、フェムテックで本当に女性は働きやすくなるのでしょうか。**フェムテックで、女性の毎日が少し快適になることはあるかと思いますが、残念ながら、女性の働きやすさを根本的に変えてくれるものにはなりえません。**

女性の健康課題の改善のためにはある一定の回数、病院の受診が必要です。フェムテックだけで解決することはできず、組織側の変革もフェムテックだけで変えられるものではありません。


また、フェムテック自体の定義があいまいでもあるので、たとえば、オンラインで健康相談ができるという福利厚生サービスもフェムテックと呼ばれていることもあります。

当然そのようなサービスは、社員さんにとっては助かるものではあるものの、どこの企業

フェムテック（といわれるもの）の事例

生理

- 吸水ショーツ
- 月経カップ
- ナプキン無料提供サービス

など

妊活

- 月経管理アプリ
- 排卵チェック
- 葉酸サプリ

など

妊娠中・産後

- オンライン相談
- ウェアラブル搾乳機

など

更年期

- エクオールサプリ
- 骨盤底筋トレーニングサポート

など

でも導入できるものではないと思います。

ですが、そのようなサービスがないと女性は活躍できないかというと、まったくもってそんなことはありません。オンライン相談サービスがなくても、普通に産婦人科を受診して相談することができればよいことですし、受診のために休みをとることができれば、特別な福利厚生はなくても大丈夫なのです。

ですので、フェムテックを活用しないと女性の活躍を推進できないわけではありません。たとえフェムテックを活用できなくても、従来の方法だけで、理解とやる気と実行力があれば、女性も働きやすい組織の実現は可能です。

押さえておきたい
ポイント

◉ **フェムテックの活用は「＋αの快適さ」を実現するもの**

◉ **会社としてフェムテックを福利厚生として導入できなくても、働きやすい組織にはなれる**

Question

うまく環境を整備できない原因はなに？

前例のなさが最も大きな要因です。「女性」キャリアの見本が近くにいない状況だと意識の改革が難しいのです。経営者には、制度の導入だけでなく、意識づくりを社員と共有する必要があります。

第1章で、「働きづらい職場」について書きましたが「女性が働きづらい職場」を女性が「働きやすい職場」に変えていくために必要なことは、福利厚生などの制度の改善だけではない、ということが見えてきました。ここで、いくつかのデータをみていきましょう。

①女性の活躍躍進に取り組んでいる企業割合

まずは、女性活躍推進に向けて施策を行っているか否かを会社の規模ごとに調査した結果です。「施策を行っている」企業は、全体で47・9％。注目すべきは社員数が少なくなるにつれて割合が減っている点です。では次に課題について調べた調査を見ていきましょう。

②女性活躍推進における課題

施策を行えていない企業はどのような課題を抱えているのでしょうか。上位が、

「女性社員の管理職昇進意欲の向上」（48・5％）
「サポート体制づくり」（36・2％）
「体制整備や担当者の時間確保」（33・6％）
「部署による女性の能力発揮機会の差」（27・1％）
「女性応募者の少なさ」（20％）

などになります。この2つの調査からわかることは、女性が活躍する土台をつくるうえで

環境を整備するために知っておきたい調査

［グラフ①女性の活躍躍進に取り組んでいる企業割合］

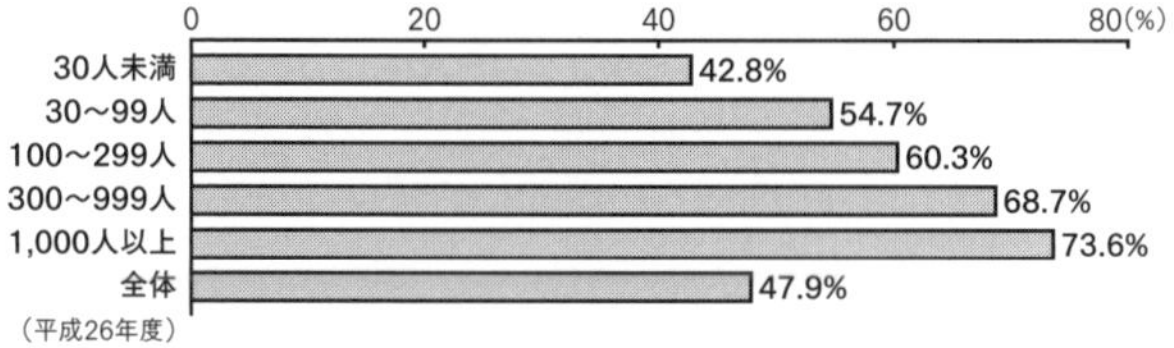

※厚生労働省 奈良県労働局雇用環境・均等室「女性活躍推進等に関するアンケート結果報告」より作成

［グラフ②女性躍進における課題］

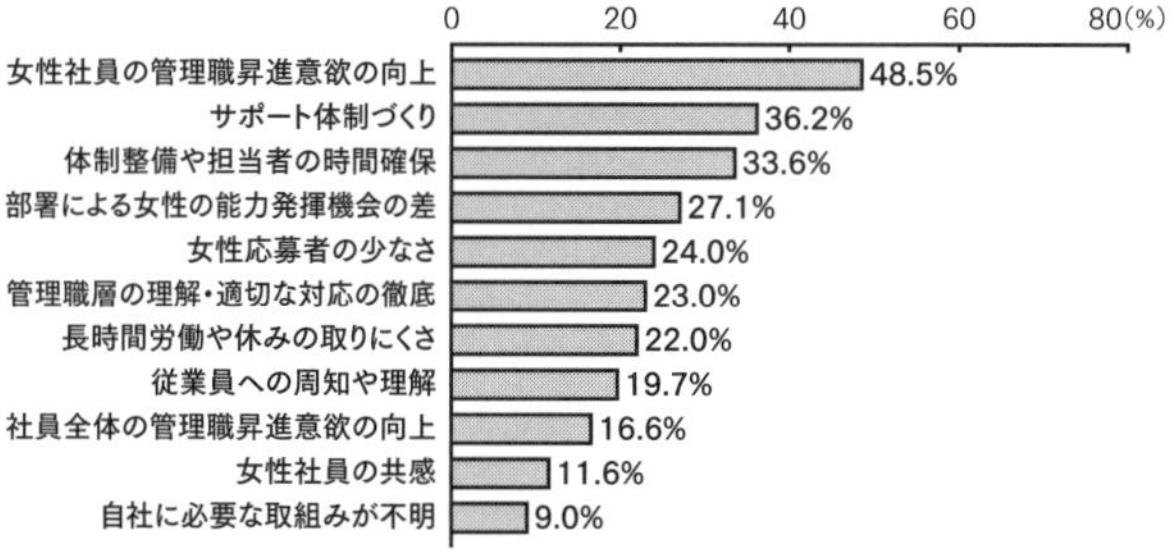

※厚生労働省 雇用均等・児童家庭局 雇用均等政策課「女性の活躍推進にむけた取組施策集」より作成

［グラフ③ロールモデルとして育成するために重要だと思うポイント］

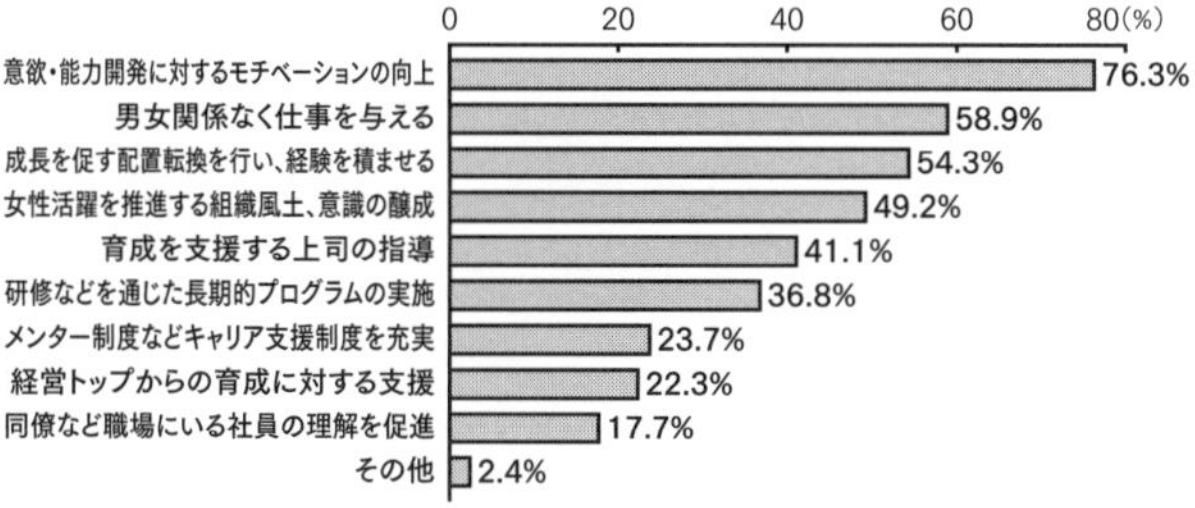

※厚生労働省「ロールモデルの育成およびメンター制度の導入に関するアンケート調査」（平成24年11月）より作成

「前例のなさ」が大きく影響している、ということです。

グラフ①で、人数の多い大企業ほど女性活躍に取り組んでいるのは、社員数が多ければ前例が増える点が大きいのではないでしょうか。また、グラフ②の課題で出てきた「意欲」「発揮機会の差」「女性応募者の少なさ」なども、前例がないため、企業としても女性社員側としても、キャリアの想像がしづらい部分が影響しているのだと思います。

すなわち、「ロールモデル」が非常に重要になってくることが課題として見えてきました。

③ロールモデルを育成するために重要なポイント

では、ロールモデルを増やしていくために具体的になにが必要となるでしょうか。グラフ③を見ていきましょう。

「意欲・能力開発に対するモチベーションの向上」（76・3％）
「男女関係なく仕事を与える」（58・9％）
「成長を促す配置転換を行い、経験を積ませる」（54・3％）
「女性活躍を推進する組織風土、意識を醸成」（49・2％）

「ロールモデル」というと難しく聞こえますが、要は「妊娠出産育児などとキャリアとどちらも実現している先輩」がいるかどうか、です。

実例のなさが現状を停滞させる要因

今回ご紹介した調査の結果から、わたしが伝えたいことは**「制度の改善よりも、組織の意識を変えることがいかに難しい（と思われている）」か、という部分です。**

制度はさまざまな企業が導入しているものを参考にすることで、中小企業であっても明日にでも整備することは可能です。しかし、意識改革は、時間と持続的な努力が必要です。女性が働きやすい環境を実現するためには、単に制度を設けるだけでなく、職場全体の文化や態度を変える必要があります。これには、経営層から一般社員までの全員が関与する包括的なアプローチが求められます。

組織内での意識変革を促すためには、まず経営陣が率先して女性の活躍を支持し、具体的な行動を示すことが重要です。また、従業員への教育と訓練を強化し、ジェンダー平等に関する理解と認識を深めることも不可欠です。これにより、性別に基づく偏見やステレオタイプを減少させ、より公平な職場環境を築くことが可能です。

そのうえで、ロールモデルの確立がされれば、モチベーションがおのずと向上します。

最終的には、これらの努力が組織全体に浸透し、女性だけでなくすべての従業員が支援され、評価される文化が根付くことで、「働きやすい職場」となるのです。

押さえておきたい ポイント

- 意識改革には長い時間と持続的な努力が必要
- リーダーが率先して女性の活躍を支持し行動しよう
- ロールモデルが増えることが自信につながる

Question

具体的な実例や企業の取り組みを教えて？

4人の子どもを育てながら、毎日フルで働くわたしにとってのロールモデルをお伝えします。また、働きやすい制度を確立した企業さんを紹介します。みなさんのロールモデルになれば幸いです。

わたしはいま、子どもを4人育てながらフルに仕事を続けていますが、実は、はじめから自信をもって計画していたわけではありません。医者は医学部が6年、初期研修が2年なので、その時点ですでに20代後半。そこでようやく各専門科に分かれます。

まさに、これからのキャリアについて考える時期に、いつ妊娠出産するのかの兼ね合い、という問題にぶち当たっていました。しかも、医学知識があるので、妊娠を希望してすぐに妊娠するとは限らない、ということも痛いほど分かっているので、「自分はいつ子どもを産めるんやろうか」と漠然と考えていました。

逆算すると、まもなく結婚しないと間に合わないのでは……。と医学部6回生くらいのころに考えて「だいじょうぶかなぁ」ともやもやしていました。

とはいえもとが楽観的なので、とりあえず「時間に余裕があるわけではない」ことだけは頭の片隅においておこうと思っていました。

そして医者になって数年目のころに見学に行った病院で、運命的な出会いがありました。産婦人科の部長が女性の先生で、その方にお子さんが3人いると聞きました。子どもを3人育てながら、こんな大きな病院の部長（一般病院は各科のトップが「部長」という肩書なのです）としてバリバリ仕事をされているのを目の当たりにして、「できるんや！」と、パァッと目の前が開けた感覚は、いまでも鮮明に覚えています。

まさに「ロールモデル」です。

その先生との出会いのおかげで、2人の子どもを持ってからも3人目を望む心のハードルがほぼありませんでした。

ロールモデルがなくても、挑戦していくことはもちろんできるのですが、**挑戦するにしても、二の足を踏んでしまうところで前例があると、迷わず自信をもって前に進めます。**

働く女性が妊娠を躊躇する理由は人それぞれいろいろありますが、キャリアとの兼ね合いという意味では「産休明けに元のポジションに戻れるのか」「これまでのキャリアが無駄にならないか」「産後、育児しながら仕事を続けられるか」などもよく聞かれる不安の声です。

社員がフェアに活躍できる企業の取り組み

話は変わりますが、伊藤忠商事さんは社内の出生率を公表しています。出生率を公表していること自体への賛否はさておき、出生率の変化を見ると、2005年には全国平均を大きく下回っていたのが、2021年には全国平均を大きく上回り、16年で3倍以上になっています。

その理由として、社内託児所設置や朝型勤務、在宅勤務の導入が挙げられており、たしかにそのようなハード面の制度の充実ももちろん必要です。

【伊藤忠商事の出生率の変動】

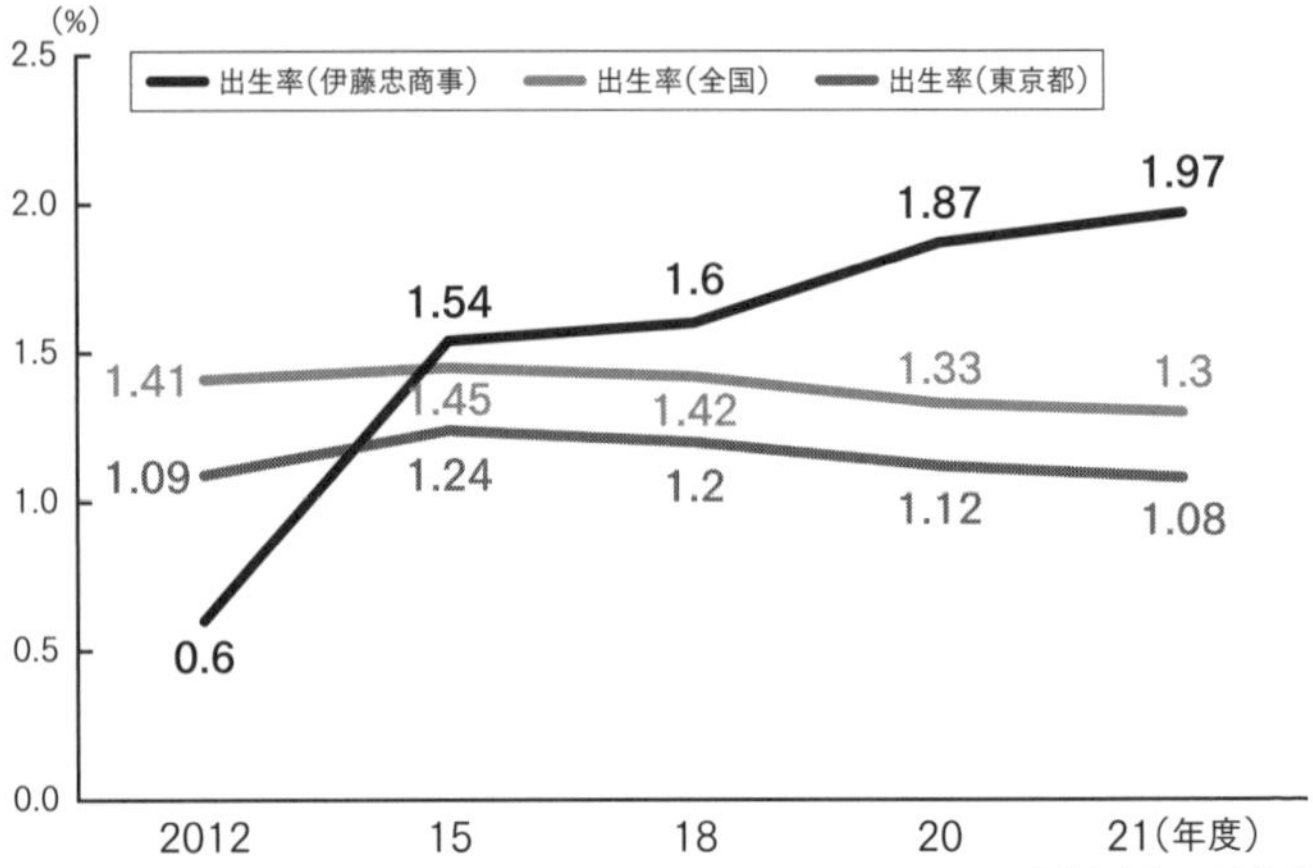

※伊藤忠商事HPより作成

ですが、それだけではなく、妊娠出産が不利に働かずに子育てしながらイキイキと働く先輩たち＝ロールモデルがだんだんと増えていったことも、少なからず影響しているのではないかと個人的に推察します。

影響を示しづらい要素ではあるものの、実現している前例があることは大きな安心感となります。ひと言で「育児しながらキャリア継続」と言っても、実家のサポートがあるのか、夫も家事育児をちゃんとやるのか、子どもは何人か、など状況は千差万別で、それぞれの大変さがあります。

ロールモデルの母数が増えると、それぞれの状況にもバリエーションが増えて、困った時に相談したり、解決策が見つかりやすくなったりします。

過去に研修でお話をした企業さんは、「生理休暇」ではなく「メディカル休暇」を設けていました。

これは、性別関係なく、休養のためにも受診のためにも使うことができる休暇制度で、非常にフェアな制度と感じました。生理や更年期は女性特有の健康課題ですが、当然それ以外の持病がある方もいるわけで、そこに性別は関係ありません。なにより受診のためにも使える、というのが非常にすばらしいです。

「休む」だけが解決策、というのは、本人にとっても組織にとっても損失となってしまいます。**受診により適切に治療を受けることで、キャリアを継続できることは多いので、受診にも使える「メディカル休暇」は非常に生産性のある前向きな休暇といえます。**

一方で、とても残念に感じたのは、別の企業さんで「生理休暇」はあるのですが、「生理でしんどくて休む」時にしか使うことができず、「受診のためには使えない」「PMSには使えない」などの制約があるケースです。

こうなると、建前のためだけの制度で実態に即してもいないし、建設的でもありません。ぜひ改善を、とお伝えしました。

また別の企業さんでは、乳がんと子宮頸がんの検診受診率が低いため、会社で毎年行う健康診断にそれらを追加することを検討していました。乳がん検診も子宮頸がん検診も、検診車などで出張で行うことが可能です。

これまでは、別日に場を設けたり、各自が自治体の検診で受けたりしていました。しかしそれだとなかなか受診できない状況が続き、進行してから乳がんなどが見つかって亡くなってしまう社員さんがいらしたため、健康診断の中に組み込もう、となったのです。

この企業さんは、社員さんが亡くなられたことで検診の大切さに気づかれましたが、この本の第3章をお読みいただければ、みなさまにもその大切さが十分に伝わるかと思います。

押さえておきたい
ポイント

- **自信を持って前に進むためにも、参考になるロールモデルは力になる**
- **働き方やフェアな休暇、社員を第一に考えた制度などで全員がイキイキと活躍することで最大限に力を発揮できる！**

おわりに

この本を手にとってくださったあなたは、どんな想いでこの本を読み始めましたか？

◉心から女性がもっと働きやすい、活躍できる組織にしたいと思っている方
◉「女性役員30％」をちゃんと目指したい、そのためになにをすればいいのだろうかと悩みながら手に取った方
◉女性の離職が以前から課題で、対策を模索されていた時にこの本に出会った方
◉体調不良でよく休む女性社員が部下にいて、どう対応したらよいのか困っている方
◉世間の目を気にしてとりあえず手に取った方
◉女に期待はしてないけれど時代の流れ的に手っ取り早く「女性が働きやすいとはなにか」を知りたくて本を手にとってくださった方
◉女性としてキャリアを積むのが本当に大変だった。なんで女性というだけで男性よりも大

変な思いをしなければならないのか、と思って本のタイトルに関心をもってくださった方

◉わたしは女性として何も不自由なく働いているけれど、ほかの女性はそうではないのが不思議、正直努力の問題なのでは？　と思っていた方

みなさんがこの本を読もうと思ってくださったきっかけは実に千差万別と思います。なかには、とてもポジティブに、女性がより活躍できる組織を目指してくださっている方もおられると思いますし、みなさんがそうであったら最高です。

しかし、実際はそうではないことの方が多いと思います。

この本は、少々小難しく感じる部分もあったかもしれません。しかし実際は、今日からでも実践できるようなことしか書いていません。ここに書いてあることの一つひとつは、だれでも、どの組織でも取り組めることです（すでに十分に女性も働きやすい組織の方はもちろん大丈夫です）。

「これさえすれば、どんな組織でも絶対に女性も働きやすくなります！」

と言いたいところなのですが、現実はそう簡単ではないですよね。

小さい組織で、何人も同時に産休に入ったらさすがに仕事が回らなくなる。サービス業で、

子どもがいるから夜は無理、と全員が言ったら回らなくなる。

このような物理的な制約がある組織はどうしてもあると思います。

それでも、**この本の内容を少しずつでも実践していただくだけで、間違いなくいまよりは女性が働きやすくなっていきます。**

くり返しになりますが、女性が働きやすい組織というのは、あらゆる働き方に理解がある組織です。つまり、男性にとっても働きやすい組織となります。

女性特有の健康課題による経済損失が〇千億円、と言われるのは本当に癪でなりません。女性が組織の中にいると「損失」になる？　女性の存在が「損失」と言われないように、むしろ組織にとって「プラス」な存在となるように、そして誰もがなにかしら感じているであろう「働きにくい」を「働きやすい」に変えていく、そのヒントをこの本から見つけていただけましたら本望です。一人ひとりが輝ける一歩を踏み出しましょう。そしてわたしも、産婦人科医として、みなさまの活躍をサポートさせていただけましたら光栄です。

稲葉可奈子

著者
プロフィール

稲葉可奈子（いなば・かなこ）

産婦人科専門医・医学博士

京都大学医学部卒業、東京大学大学院にて医学博士号を取得、双子含む四児の母。産婦人科診療の傍ら、病気の予防や性教育、女性のヘルスケアなど生きていく上で必要な知識や正確な医療情報を発信している。メディア出演、連載、企業研修、講演、監修など多数。

みんパピ！みんなで知ろうHPVプロジェクト 代表／みんリプ！みんなで知ろうSRHR 共同代表／メディカルフェムテックコンソーシアム 副代表／フジニュースα・Yahoo!・NewsPicks公式コメンテーター。

シン・働き方

2024年6月15日　初版第1刷発行

［著　者］　稲葉可奈子
［発行者］　櫻井秀勲
［発行所］　きずな出版
東京都新宿区白銀町1-13　〒162-0816
電話03-3260-0391　振替00160-2-633551
https://www.kizuna-pub.jp/

［印刷・製本］　モリモト印刷

［装　丁］　西垂水敦（krran）
［本文デザイン］　五十嵐好明（LUNATIC）
［イラスト］　江村康子

ISBN978-4-86663-240-7

きずな出版